柯育奇——著

超高齡社會
守護全紀錄

Open Book

推薦序

　　根據衛福部資料顯示：臺灣已於民國 107 年 3 月邁入高齡社會，人口快速老化，推估至 114 年卽將進入超高齡社會，需要長期照顧需求人數隨之增加，這是每個人都需要重視的議題。而大多數家庭成員的照顧壓力日漸加重，進而衍生出許多照顧性問題。政府自 106 年起推動「長期照顧十年計畫 2.0」，西醫居家醫療及中醫居家醫療及長照據點不斷加入，廣泛照顧不同長照需求的民衆，從而減少許多家庭的照顧負擔，但以長遠眼光來看，每個人都應該提早計劃自己的未來，才不會到病症或中高齡甚至超高齡時才有所徬徨及無助。

　　門診中常看到一些短期或長期身體機能受損的民衆，他們面臨著照顧和生計的雙重問題，這時候許多無助或無奈的眼神或嘆息就不斷出現。然而有規劃醫療保險的民衆則能在既有保險規劃中配合長照制度，使他們在做癒後復健時能較爲安心。相對地，沒有醫療保險規劃的民衆不僅在癒後復健時需要擔心醫療費用，還得爲未來的生計做擔憂。因此，保險成爲了一種重要的工具，能夠幫助我們轉嫁風險，確保未來的生活穩定，讓我們在面對人生的不測風雲時能夠更加堅強和安心。在高齡者預防保健至關重要，政府提供了 65 歲以上的長者每年一次的成人預防保健服務，而 2020 年有超過 105.1 萬長者受益於這項服務。結合地方資源，推動長者健康促進活動，維護獨立自主的健康生活。適量身體活動降低患病風險，預防衰弱與失智。政府持續推動高齡友善健康措施，包括健康飲食、運動、防跌與慢性病預防等，並營

造高齡友善環境與服務。無障礙空間設施可減少跌倒風險，維持銀髮族健康與幸福，這是我們共同的責任，保障長者健康快樂地生活。

　　本書對超高齡社會的機會與挑戰、中高齡者就業政策與問題、健康保健的重要性、投資理財的規劃、保險商品的介紹、退休制度的種類、友善環境的重要、長期照顧的服務與法律知識的詮釋都有深入的探討及見解，所以是一本值得推薦及閱讀的好書。

衛生福利部豐原醫院中醫科主任

林煥欽 謹誌

2023 年 8 月

推薦序

　　在這時代的洪流中，我們需要一盞指路明燈。育奇的這部作品，恰如其分地成為了我們的指南。他筆下的每一章節，都像是一扇窗，讓我們看見台灣社會正處於的轉變，以及我們應如何適應這樣的轉變。

　　透過他對於「超高齡社會」的見解，我們得以預見未來可能的挑戰。而他對母親的長照經歷更是讓這本書增添了深度和溫度，讓我們感受到家庭的珍貴和不易。在經濟、健康與法律等各方面的實用建議，不僅為讀者提供了清晰的指引，更鼓勵我們勇於面對人生的每一個挑戰。

　　值得讀者深入品味的，還有育奇在「生命中的貴人」一章中對母親的深沉感激和思念，不僅展現了他對家庭的深厚情感，更使我們明白到，人生中的每一次遭遇，都能成為我們前進的動力；更使我們思考，真正的財富，其實是我們生命中那些不可或缺的人。誠摯推薦這本書給各位！在此，希望每位讀者都能在書中找到人生的答案，並勇敢地走向未來。

理陽律師事務所

胡達仁　律師

推薦序

　　細讀育奇所著《超高齡社會　守護全紀錄　Open Book》後，有非常強使命，希望推薦給更多的讀者一起了解往老年的道路如何走穩、走好與走的幸福。

　　這本書集結了面對老年如何準備，進入銀髮世界時如何規劃財務、生活日常以及終老。年輕人研讀這本書可以進一步了解如何陪伴及照顧長輩。這裡提供非常豐富的資訊，很值得研讀並收藏。

華南產險台中分公司協理

陳柏蒼

於 2023 年 7 月

推薦序
跨域創新──社區型的小規模多機能事業所

逢暑假，七月某日午後，接到中臺科技大學老人照顧系蔡教授來電，電話那頭感受到非常興奮訴說著：「馨云，我現在坐在五星級的長照據點喝咖啡，下次帶妳一起來當貴婦……」幾句寒暄後，約了隔週四前往拜訪位於台中市南屯區耆老林失智日照俱樂部，掛了電話後，心想應該就是類活動中心，再好一點吧！

依約定一早遵循 Google 大神穿梭巷弄，經過許多老舊房舍，豎立眼前由兩戶合併老房，重新打造的優雅時尚感，現代風裝潢的「耆老林」格外醒目。比約定時間提早 23 分鐘到，又逢早上八點，失智俱樂部會員、長照據點學員進出繁忙，接待門口的職員溫暖的與每位賓客問早、量體溫、酒精噴灑，楊淑蘭執行長及徐湘姿主任熱情從辦公室走出接待我們，當坐在接待區，檢視四周環境，對一個有潔癖又魔羯座的我，當下給予 90 分。耆老林除了環境硬體用心打造，持續不斷延伸發展多機能照顧服務，其中健康餐食更是聞名地方，有非常多熟客跟老饕聞香慕名而來，從多元服務和環境細節的要求，即可感受企業堅持的品質與文化。中國道家的老子有句名言：「天下大事必作於細，天下難事必作於易。」意思是做大事須從小事開始，難事必定從容易的做起。

承如育奇課長書中提及，隨著醫療技術進步，疾病型態轉為慢性病，再加上老年人口增加，使得長期照顧需求人數隨之增加；平均每100 個老人中，有近 13 名老人會因為生理機能老化以及各種疾病、意外而導致失能。因此無論是醫療照護、退休日常開銷，皆應及早做好準

備，以備爾後不時之需。與此同時，為落實在地老化政策理念，長照2.0 積極普及充實社區照顧資源，鼓勵各縣市政府與民間服務提供單位協力合作，積極廣佈小規模多機能服務中心，提供民眾更普及可近與多元的照顧服務。於2019年5月號《哈佛商業評論》中的標竿案例，成立超過二十年的藥局，因營運成績低迷，公司積極尋求新的成長動能，就是跨入長照市場發展藍海策略，讓集團起死回生，協助打造連續性照顧的高齡友善社會。

　　我在科大輔導學生就業多年，觀察到一個共通現象，台灣的年輕人期待著一個與現況不同的職場環境，他們希望職場內能更有趣、更有創意與更多共同創作的機會。長期照顧是典型的跨界整合，需要工程、醫學、設計、長照與管理等專業人才投入。長照商機人人有機會踏入，從傳統的商品銷售、醫護勞務、周邊服務或資訊科技整合，各方好手試圖跨足長照產業的同時，誰最有機會成為一枝獨秀？長照產業特色在於產值很大、未來性很夠，但利潤卻很有限。品牌形塑不是一定要花大錢砸知名度，這樣的策略大企業可以做，小業者行不通。於YouTube天下雜誌專訪聽過長照資服系統大廠諾亞克創辦人兼執行長沈家平提及：「提高服務價值、實踐客戶需求才是業者應多加著墨的商業模式」。新創須透過基礎銷售量的持續累積，讓聲量發酵，開始擴大銷售群，例如，可利用聯名、合作達到第一階段擴大效果。

　　真心推薦幸福守護者——柯育奇課長的書，超高齡風暴襲來，無論是機構、居護、居服、日照及社區缺一不可，隱藏在巷弄間也可以照護零死角，期待政策能夠更有彈性，以長輩需求回歸市場機制，從服務到商品，吸引更多民間企業或其他產業跨足投資。

中臺科技大學行銷管理系教授

張馨云

自序

　　時間過得很快，距離育奇首著「交通事故處理程序實用版」已滿三年，寫完後自己有時會構思下次寫作之題材。因為本身的碩士論文題目與長期照顧（下稱長照）保險相關，另外我國即將在 2025 年邁入「超高齡社會」，而且這期間也面臨先母（柯吳阿麵，下稱柯媽）需要長照的歷程，所以讓我逐步完成本書的架構與內容。

　　超高齡社會來臨還有 1 年多的時間，雖然我國已是自由民主的國家之一，也祈願國人可以在信任與尊重下，一起共創美好社會。近年來台灣已出現人口負成長的趨勢，政經面臨轉型是政府與國人必須面對的責任，我們有信心與勇氣可以承擔，但是世局多變與人生無常，所以必須與時俱進與適時調整。我國身處在大國競爭氛圍下，仍需自立自強，善用優勢，維持互動關係，不誤判情勢，才能永保和平。

　　「中高齡者就業」的解方：政府推動良善政策、企業營造友善場域與個人保持終身學習。分析中高齡者就業的優勢（服從性與配合度）與劣勢（可塑性與健康因素），再來資方可運用中高齡者之優勢，進行職務分工與工時彈性等，聘僱該年齡層之勞工，以補足現在勞動力之缺口。

　　「健康保健」之根本在於良好生活習慣、均衡飲食、定期運動與健康檢查。有健康才有一切，健康將我們帶到外面的世界，疾病則將我們帶回內在的世界。因為我們現今身處在高度競爭環境下，科技資訊日新月異，最後卻演變成人們身心俱疲與壓力很大，所以須先冷靜下來或調整作息，進而重新安排人生的方向與順序。當世界越動盪，我們

越冷靜，就會懂得身心自在，另「活得有意義與善行助人」是做人的價值，也會帶來快樂，就能身心健康。

「投資理財」目前應是國人最熱門的話題，因為節流不易（萬物皆漲），所以相關出版非常暢銷，影音傳播收視很好。賺錢靠運氣，做人靠悟性（好命就是悟性高；悟性靠時間，煩惱靠調整）。投資理財第一步是控制花費與減少不必要開支，再來學習投資知識與工具，然後及早開始。因報酬與風險相依，故可運用定期定額多元投資來分散風險；慎選理財工具，持之以恆，建立穩健收益組合，並且有紀律操作才能早日達成財富自由的退休生活。

「保險商品」（商業型保險）是守護國人生命健康財產第三層保障，第二層保障是社會保險制度（例如：長照），第一層保障是全民健康保險（下稱健保）。保險是運用大數法則，透過眾人繳交小額保險費給保險公司，當發生承保事故理賠時，就可以獲得約定的保險金。因天有不測風雲，人有旦夕禍福，故保險可以轉嫁風險或穩定收益來保障未來生活。

「退休制度」是維繫超高齡社會最穩定的力量，也是個人退休最有力的支柱。人的一生將青春奉獻給工作，就是希望在退休後能有最基本的經濟保障。在國內逐漸失去人口紅利下，為了避免財政赤字，所以社會保險年金制度面臨改革，才能永續長久。每個世代有不同的時空背景與責任，唯有彼此體諒、包容與合作，才能往前邁進並走得更遠，即「退步原來是向前，能捨才能得」。

「友善環境」是企業永續經營的方向，也是國人幸福生活的目標。在超高齡社會與全球暖化的影響下，台灣正逐步提升軟硬體設施與政策來與世界接軌並善盡社會責任。若個人在工作之餘或退休之後可以參與志工服務或終身學習，讓自己的生命更有意義與價值。

　　「長期照顧」對照顧者與被照顧者都是一條既漫長且艱辛的路，只有親身走過，才能體驗其中的悲苦與煎熬。育奇的母親從跌倒、臥床到過世歷經三年，雖然期間有外籍看護工（下稱外看）協助照料，但是自己有時還是會不夠細心與耐心，讓先母身受委屈與不便。自從柯媽逝世後，當我碰到身心障礙者或需要長照的家屬們，總是會觸景生情並能感同身受，故希望未來自己可以服務人群，貢獻社會。

　　「法律知識」可以說明雙方的權利與義務，並且確認彼此的權益。將人聯繫在一起的不是血緣，而是愛與尊重；因家族成員的成長背景與經濟條件不一，故在面臨危難事故或重大決定時，必須互相溝通與折衷，才能轉危為安，順利圓滿。「親情恆久遠，家和萬事興，法律是防線」：唯有親友間合和互協與知足感恩，彼此各退一步，凡事就能平安與喜樂。

　　「生命中的貴人」總是在你最需要陪伴或面臨低潮時，給你安慰與支持。育奇一生中最重要的貴人，就是柯媽，沒有她的撫養與栽培，就沒有今日的我。雖然母親與世長辭，自己的生活頓失重心與依靠，但是剛好透過此著作過程來轉移心思並療癒，當然還有親友適時的關懷與陪伴，讓我倍感溫馨。一切都是好的因緣，「生命只有走過才能體會，往前看才活得下去」。人性就是正向與信任，信任帶來自信，也帶來幸福；先相信自己與自助，才能啟發智慧與人助。「人有善願，天必從之。擇一事，做一生，惠眾生」是人生的理念。育奇祈願參與公益團體來擔任志工，將母愛繼續傳出去並啟動善的循環，即「多行善事利物以濟人」。

　　本書能順利完成必須感謝～白象文化工作團隊、我們這一家與撰寫推薦序的所有師長（「推薦序」以姓氏筆劃排序），當然師長親友－廖麗卿、林本然、張瑞興與王明智老師、茂樹、俊彥、士耿、佳宏、家

勛、明志、銘根、竑棋、玉軒、政彥、裕彬、欣穎、志炫、致安、欽州、敏淵、興民、忠民、韋廷、家偉、淑惠、淑萍、美楨、貞文、素香、達榮、瑞堂、宗和、鎮丞、錦隆、紀文、啟東、宗伯、明山、冠東、政達、明杰、伯誼及佐信等的照護，也是育奇前進的動力。（後註：本書如有錯誤、疏漏或任何疑義，懇請各位先進不吝指教；另本次銷售書款擬扣除發行成本後，將捐給公益團體。）

柯育奇

於 2023 年 8 月

目錄

圖目錄

表目錄

第一章 緒論

第一節 寫作背景與動機

（一）超高齡社會的定義

依世界衛生組織〔World Health Organization（下稱WHO）〕定義：
65歲以上老年人口佔總人口比率達到7％稱爲高齡化社會，達到14％是
高齡社會，若達到20％則稱爲「超高齡社會」。我國老年人口比率在2018
年已達到14％，正式邁入高齡社會，預估2025年即將邁入「超高齡社
會」－65歲以上人口將達470萬人（約占總人口數20.8％）。

「超高齡社會」亦即每5個人就有1個人是65歲以上，如何維護高齡
人口的生活品質與尊嚴，以及因應老化社會所帶來的青壯年照顧及扶養
負擔加重和少子化問題。現在民眾對於退休更具有風險意識，亦會提
早作規劃，以免造成年輕世代的經濟負擔，所以超高齡社會對經濟發展
與國人照顧之影響不容忽視。

（二）超高齡社會的課題

我國因生育率下降，人口結構逐年改變，加上醫療科技不斷進
步，國人平均餘命延長，接續而來的健康及照顧等長壽風險將是政府與

個人必須面對的重要課題。

　　依行政院國家發展委員會（下稱國發會）推估我國將於2025年邁入「超高齡社會」（如圖1-1-1）且人口結構老化速度遠超過歐美國家，成為全球老化速度最快國家之一。

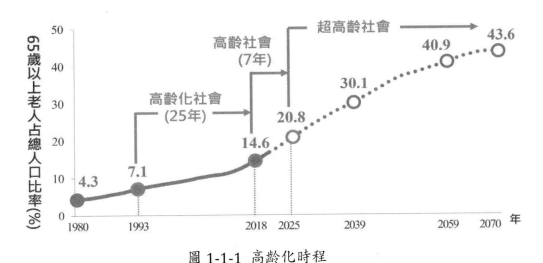

圖 1-1-1　高齡化時程

資料來源：國發會「中華民國人口推估（2022至2070年）」（2022）。

　　我國人口結構除老人快速增加外，少子化也是政府須面臨的國安危機，依國發會「人口推估查詢系統」台灣總生育率從2000年1.68人降至2021年0.98人，成為全球總生育率最低國家之一。新生兒人口大幅減少將使未來人口結構快速失衡，另國人平均壽命延長，預估在2050年零歲平均餘命將達85.63歲（如圖1-1-2）。

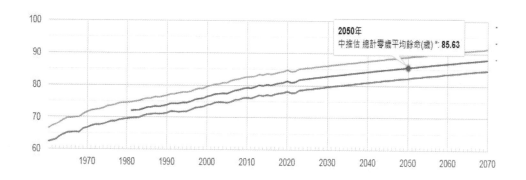

2050年
中推估 總計零歲平均餘命(歲)：85.63

圖 1-1-2 零歲平均餘命－中推估值

註1.2022年（含）以後爲推估值。

註2.1991年（含）以前資料不包含福建省金門縣及連江縣。

資料來源：國發會「人口推估查詢系統（2022至2070年）」（2022年）。

　　隨著台灣老年人口快速攀升，扶養比自 2012 年起逐年上升，依據中推估值 2022 年爲 42.2，而 2060 年將超過 100，亦即每 100 個青壯年人口要扶養 100 個老人與小孩（如圖 1-1-3），所以青壯年族群扶養責任愈來愈重，迫使工作年齡人口更不願結婚及生育下一代。

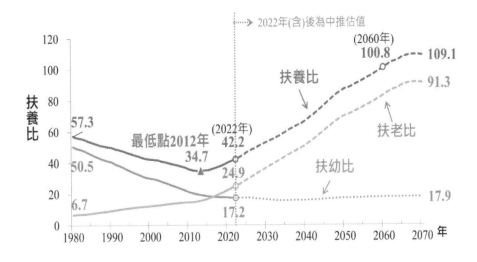

圖 1-1-3 扶養比趨勢—中推估值

說明：扶養比係以年齡作為生產者與受扶養者之分界，計算出每百位工作年齡
人口所需扶養之依賴人口數，以提供時間變動趨勢之參考，而非從經濟角度觀
察的「撫養」情況。

資料來源：國發會「中華民國人口推估（2022年至2070年）」（2022）。

（三）超高齡社會的準備

　　依國發會公布我國「總人口數」在 2019 年底達到最高峰 2360
萬人（如圖 1-1-4），而後轉為負成長，即出生數少於死亡數，從
此國家生產力將產生結構性改變，不僅政府需面臨日益困窘的財
政危機，國人也需自我準備足夠養老財源，以因應超高齡社會的
來臨。

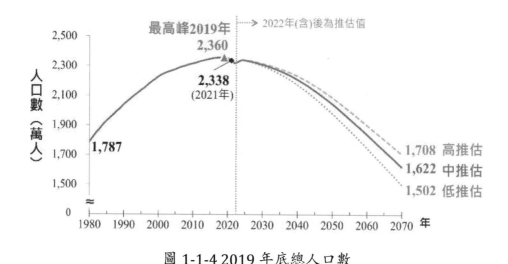

圖 1-1-4 2019 年底總人口數

資料來源：國發會「中華民國人口推估（2022 年至 2070 年）」（2022）。

（四）超高齡社會的政策

　　為因應我國整體人口結構改變，國發會主委龔明鑫（2020,8月）表示：政府從提升生育率、強化勞動力結構與高齡化調適三大面向著手。國發會副主委高仙桂（下稱高副主委）說明：在「提升生育率」方面，政府將落實蔡總統提出的「0 至 6 歲國家一起養」政策，提出育兒津貼倍增與提供平價教保服務，預計 2024 年公共化與準公共化幼兒園入園率提高到七成，並將針對青年薪資、就業與住宅等多面向著手，以建構完善生養環境，讓青年能生能養。

　　因為我國 15 至 64 歲的工作年齡人口總數在 2015 年到達高峰1,737 萬人後逐年減少，所以在「強化勞動力結構」方面政府會落實「中高齡者及高齡者就業促進法（下稱中高齡者就促法）」，鼓勵中高齡與婦女持續投入就業，以緩解勞動力下滑情形。育才方面國發會將與科技部及教育部研議，以解決國內本土人才學用落差問題；攬才

方面則希望從海外吸引青年學子及青創與外國專業人士，對此國發會於 2021 年 7 月修訂「外國專業人才延攬及僱用法」，以提升國家整體競爭力。

「高齡化調適」方面，高副主委指出政府將致力於建立共榮自主的高齡社會，其中衛福部（2021,9 月）於修訂「高齡社會白皮書」提出因應對策。另金管會於 2022 年 9 月發布「信託 2.0 全方位信託」第二階段推動計畫，結合長照、銀髮娛樂、住宅與銀行等服務以提升民眾對高齡社會調適能力，未來也希望各部會持續推出創新做法，確保國家整體經濟動能與社會穩定發展。

（五）超高齡社會的願景

2002 年以來國際組織與國家都陸續提出因應人口結構高齡化的發展目標與願景，例如 2016 年 WHO 通過「高齡化與健康全球策略暨行動計畫」（The Global strategy and action plan on ageing and health），呼應「2030 永續發展課題」的目標並再度強調其最核心的理念：就是人人都應享有長壽與健康的生活；另提出 5 項策略，包括：每個國家都應投入健康老化的行動、發展年齡友善的環境、因應高齡者的需求修正健康服務體系、發展永續與公正的長照體系（包括家庭、社區與機構照顧）以及提升健康老化的測量、監測與研究。2020 年 WHO 將 2020 年至 2030 年設定為「健康老化的十年」（Decade of Health Ageing, 2020-2030）以支持「2030 永續發展目標」理念的實踐。

日本則自 2002 年起，每年由內閣官房發布「高齡社會報告書」，檢視高齡社會相關政策作為的狀況與進展，特別聚焦在 6 大政策面向：就業與所得、健康與福利、學習與社會參與、生活環境、研究環境與對世界的貢獻以及提升所有世代的成功。

第二節 寫作目的

基於寫作背景與動機，本寫作目的有下列三項：

一、讓國人認識超高齡社會的處境與面貌。

二、讓大眾做好超高齡社會的準備與規劃。

三、紀錄柯吳阿麵女士之身教與經歷。

第三節 超高齡社會的機會與挑戰

一、超高齡社會的機會

　　高齡人口增加所帶來的醫療保健、生物科技、健康照顧與社會服務的需求增加，將促進相關產業的發展。依國發會整理行政院主計總處（下稱主計總處），民國110年各類別就業人數占全體就業人數比率，其中「住宿及餐飲業及醫療保健社會工作服務業」均較101年上升0.4％為最多（如圖1-3-1）。

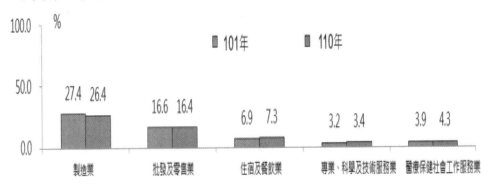

圖 1-3-1 各類別就業人數占全體就業人數比率-按主要大業別分
資料來源：主計總處，就業失業統計資料查詢系統，國發會（2022）。

二、超高齡社會的挑戰

（一）政府財務壓力

　　我國的社會福利制度正面臨嚴峻的財務壓力，因高齡人口對醫療的服務需求更勝其他年齡層人口，故造成健保沉重的財務負擔。健保在2017年就已出現當年度收支短絀的狀況，且金額逐步擴大，雖然在2021年有調整費率，但還是會面臨財務壓力。2016年起的軍公教人員年金改革，可使其財務趨於健全；另勞工保險（下稱勞保）財務危機也日益緊迫，故須進行改革。

（二）市場經濟榮枯

　　因為不同年齡層人口的勞動參與、勞動力與消費需求均不同，所以人口結構高齡化將影響經濟的發展。雖然人口老化對經濟發展有挑戰，但是中高齡者若多屬於健康的狀態，則可延續其勞動市場的參與，同時提高人力資本的投資與儲蓄等行為，進而使人口老化變成有利於經濟發展的因素。

（三）勞動人口流失

　　人口老化不僅牽涉長照議題，更與勞動力與產業發展息息相關。依主計總處（2022）人力資源調查統計年報：民國 110 年**勞動力**平均為 1,191 萬 9 千人（係指 15 歲以上可以工作之民間人口，包括就業者及失業者）較 109 年減少 4 萬 5 千人，可見高齡化已讓我國勞動人口減少且為近十年來首度負成長。

第二章 中高齡者就業

第一節 前言

　　在人口結構高齡化的趨勢下，我國的工作年齡人口將持續減少，且將日益高齡化。我國15至64歲的青壯年人口總數將從2015年最高峰的1,737萬人將逐年下降到2070年的776萬人（如圖2-1-1）。

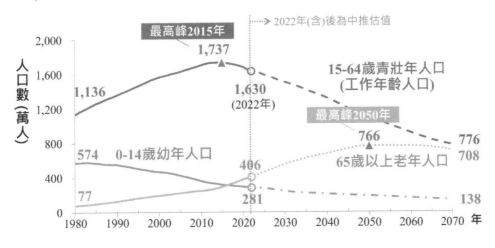

圖 2-1-1 三階段年齡人口

註：本圖為中推估結果。

資料來源：國發會「中華民國人口推估（2022年至2070年）」（2022）。

　　青壯年人口的逐年遞減將對勞動市場供給與產業發展造成重大影響，其中農業部門的就業人口老化及人力不足將最為嚴重，所以需要透過調整勞動政策並營造友善中高齡者就業環境。

　　依主計總處「人力資源調查」：民國110年中高齡者（45歲以上）民間人口為1,082.8萬人（包括勞動力487萬人與非勞動力595.8萬人）。當中高齡者面對個人因素（身心狀況與照顧家人）與外在環境的變化而影響就業時，應適時調整政府政策、企業作為與個人身心，以降低超高齡社會對就業市場之衝擊。

第二節 中高齡者就業政策

依行政院新聞傳播處（2019）重要政策：為因應人口老化及未來可能出現的勞動力短缺，故政府以多管齊下的方式來提升各年齡層的勞動參與率（下稱勞參率）。為進一步促進 45 歲以上者的勞參率，「中高齡者就促法」於 2019 年 12 月公布並在 2020 年正式施行，期以專法保障中高齡者（年滿 45 歲至 65 歲者）與高齡者（超過 65 歲者）[下稱中高齡者]的就業權益，以解決就業時可能面臨的問題，並鼓勵其投入勞動市場，透過經驗傳承及世代合作，共創社會繁榮與經濟發展。中高齡者就促法之特色與重點如下：

一、三大特色

（一）有彈性：放寬雇主以定期契約僱用 65 歲以上者。
（二）有禁止：禁止企業對 45 歲以上者有差別對待。
（三）有補助：對失業中高齡者有就業促進津貼補助、對在職中高齡者有職務再設計補助與對企業留用高齡者有獎（補）助。

二、六大重點

（一）禁止年齡歧視。
（二）協助在職者穩定就業。
（三）促進失業者就業。

（四）支持退休者再就業。

（五）推動銀髮人才服務。

（六）開發就業機會。

　　國人退休年齡普遍較早，依主計總處（2021）50 歲以上各年齡組勞參率均低於如圖 2-2-1 之主要國家，且差距隨年齡增長而擴大。「中高齡者就促法」的推動是希望從法制面建構友善的就業環境，促進失業者投入職場及在職者穩定就業，並活化過早離開職場或退休但仍有體力、技術、經驗且有意願重返職場之人力，提升我國勞動發展並促使青銀世代攜手合作，提升國家整體競爭力。

	2021年				單位：%
	中華民國	南　韓	新加坡	日　本	美　國
45~49歲	84.4	79.9	88.3	88.5	82.2
50~54歲	75.4	79.3	84.8	87.5	79.2
55~59歲	58.9	74.8	77.7	84.2	72.2
60~64歲	38.6	62.2	65.9	73.8	57.0
65歲以上	9.2	36.3	32.9	25.6	18.9

圖 2-2-1　主要國家中高齡者勞參率

資料來源：主計總處「人力資源調查」與各國官方網站（2021）。

第三節 中高齡者就業問題

一、就業市場排斥

　　依主計總處「人力資源調查」：民國 110 年中高齡（45 歲以上）勞動狀況－中高齡者失業率 2.4%，與全體失業率 4%相較爲低。相較爲低的原因應爲中高齡者穩定性較高，另一方面則是勞動市場排斥中高齡者就業，一旦其失業就不易找到新工作而選擇離開職場。另依主計總處 110 年 10 月「人力運用調查」（如圖 2-3-1）：45 歲以上未曾遇有工作機會失業者 8.1 萬人（71.66%），其中所遭遇困難以「年齡限制」31.74%最高，「待遇不符期望」20.64%次之。

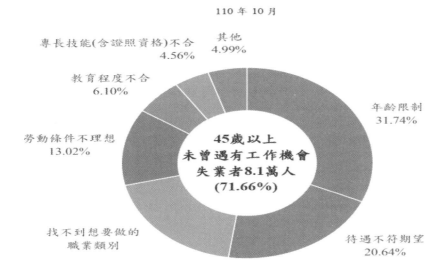

圖 2-3-1 45 歲以上未曾遇有工作機會失業者所遭遇困難

資料來源：主計總處「人力運用調查」（2021，10 月）。

因如上述 50 歲以上勞動人口部分在經濟許可下提早離開職場（退休），故出現中高齡者「勞參率與失業率」雙低的現象。

二、照顧與健康因素

有些中高齡者須照顧家人或自身患有傷病，也會影響該年齡層是否持續就業。依主計總處 110 年 10 月「人力運用調查」：45 歲以上非勞動力者，無就業意願者有 586.3 萬人，另無就業意願者之原因中有 233,934 人須「照顧家人」，而「健康不良或傷病（不含身心障礙）」則有 226,898 人，所以「須照顧家人或個人健康因素」也是造成中高齡者無意願返回職場的原因之一。

第四節　中高齡者就業作為

　　面對「超高齡社會」中高齡者勞動力流失且青壯年勞動力不足的問題，如何改善並扭轉此頹勢是政府、企業與國人共同的責任。有些業主願意僱用中高齡勞工，係年長者穩定性高、有實務經驗與責任感以及具抗壓性與配合度等優勢。促進中高齡者就業作為如下：

一、職務再設計

　　依行政院勞動部（下稱勞動部）2023年推動職務再設計服務計畫修正規定：「所稱職務再設計指以排除員工工作障礙，提升其工作效能，所進行之改善工作設備、條件、環境、提供就業輔具及調整工作方法之措施」。藉由職務再設計來協助因體力下滑或健康因素而中途離職的中高齡者可以續留就業，並讓勞雇互惠雙贏。

二、職能再精進

　　依中高齡者就促法（2019）第18條：「雇主依經營發展及穩定留任之需要，得自行或委託辦理所僱用之中高齡者在職訓練，或指派其參加相關職業訓練。雇主依前項規定辦理在職訓練，中央主管機關得予訓練費用補助，並提供訓練輔導協助」。另其相關學習課程也可參閱「銀髮資源網」等相關網站。

勞動部勞動力發展署（下稱勞發署）於全國各區陸續成立「銀髮人才資源中心」：調查中高齡就業市場供需，建構區域銀髮人才運用專業服務及友善職場環境，改善中高齡者的勞參率並輔導其持續投入職場。

三、型態再調整

依產業人才發展資訊網（2020，10月）「人才快訊/國際瞭望/各國因應高齡社會漸進式退休機制分析」摘述：德國為現代社會退休制度的起源國，於1992年提出部分年金方案，於1996年議會立法允許漸進式退休，由就業保險和國家年金相結合，支援工作保障也同時提昇社會福利，促使55歲以上勞工可從全職轉換至兼職。以汽車製造商BMW為例：允許員工於退休前6年，開始將工作減半，同時搭配彈性工作型態等。

四、工時再彈性

中高齡者若須照顧家人，因工時缺乏彈性而提前退出職場，故可參考日本建立非典型市場，增加彈性工時選項，而不會讓中高齡者在「全職與離職」之間二選一。日本於2016年提出「零照顧離職」（魏聰哲,2017）：「鼓勵使用照顧假，分次使用照顧留職停薪制度，最高可申請93天，可分三次使用。此外提高照顧留職停薪津貼給付制度，給付薪資由40%提升為67%。工時長，無法兼顧照顧家人，則推出彈性工時，提高繼續就業的可能性」。

五、長照再配套

雖然政府於2017年1月起開辦「長期照顧十年計畫2.0」（下稱長照），但是民間團體從2019年開始推動「長照安排假」（下稱長照假）修法，卻至今仍未實施。若該法案有通過而給予勞工因應家人長照需求，能享有津貼或休假，讓勞工不必退出職場，並得以保住工作來支應日後龐大的長照費用。

民間團體所提出「長照假」草案：「規劃前30天可請領投保薪資六成津貼（由就業保險加1%來補助），後續150天則是無薪彈性假」。現今有如當初制定育嬰假的時代背景，我國正面臨超高齡社會來襲，從照顧者的角度，長照假可減輕在職者壓力並協助安排長照需求，進而維持社會安定。另從資方的立場：雖面臨人力的缺口與成本的增加，卻可將勞工留在職場。因此若在長照假實施時，勞資可透過協商機制，期盼互相體諒與支持，共創雙贏局面。

第五節 結論

　　我國施行「中高齡者就促法」是政府欲建構友善就業環境，保障中高齡者就業權益並呼籲企業共同珍惜寶貴的人力資源，而使勞雇雙方成為互惠夥伴關係。因為身處在全球自由市場與科技浪潮下，中高齡者的在職訓練與終身學習對其提升競爭力實屬關鍵，所以產官民三方應共同努力並創造良善教育環境。

　　至於中高齡者之健康促進，雇主可導入職場健康促進概念、場域醫護健康管理及職業傷病預防，以保障工作者健康與安全。若中高齡者能維持良好的身心狀態，就能提升企業勞動能量。從國內外研究發現：中高齡者與年輕者的就業應是互補搭配，而非處於對立的狀況。尤其面臨後疫情時代缺工潮時，可藉由提升中高齡者勞參率，以穩定勞動市場之運作。

　　勞發署（2022）為協助失業之中高齡者穩定事業經營，舒緩創業初期之資金壓力，辦理失業中高齡者及高齡者創業貸款及提供利息補貼。中高齡者就業如同人生第二春，而身處在超高齡社會氛圍下，充滿機會與挑戰，需要政府、企業與中高齡者一起來面對、調適與轉型。首先政府應廣宣並推廣「中高齡者就促法」之特色與做法，讓企業了解相關資源與補助，另中高齡者可以培養第二專長或技能，共創美好人生下半場。

第三章 健康保健

第一節 健康生活

一、延年益壽

好健康46期（2018,10月號）**延年益壽**四大要點：

（一）健康生活 預防疾病

想要「健康不生病」就要著重於預防，從改善生活習慣做起，不抽菸、維持標準體重、多運動與均衡飲食等；早期診斷與治療並控制好慢性病。一般來說代謝相關的疾病（如高血壓、高血糖或高血脂），藥物只是其中一環，更需要飲食與運動多方面配合，特別是體重過重者，透過減重有時不僅可以減藥，甚至還可以停藥；但是面對如類風濕性關節炎、骨質疏鬆症或癌症等疾病，不能只想靠飲食與運動改善，還是得積極接受治療。

（二）參與可活化心智的活動

保持終身學習，多參與文康活動，在身體方面，得多運動且盡可能地維持每天「活動」。

（三）積極投入生活

「是否老化」還是要看生活功能是否在退化，因此退休後也應該積極安排生活，如參加志工服務或長青課程等。

（四）保持樂觀正向

保持樂觀進取的人生觀，此外也可藉由信仰的關懷與融入，讓身心安頓。

二、健康體能促進

衛福部國民健康署（下稱國健署）年報-中文版（2022）：身體活動不足、吸菸、過量飲酒及不健康飲食是非傳染性疾病的四大危險因子，佔全球所有死亡人數近70%。WHO於2011年指出身體活動不足會衝擊個人健康，增加醫療支出與社會成本，並造成政府與全體民眾重大的負擔。國健署持續進行國人健康體能之倡議，結合各場域推動健康體能促進，鼓勵民眾隨時隨地找時間運動，並辦理身體活動主題健康傳播。

三、國民營養

國健署（2022）社區營養照護作業手冊：為呼應WHO倡議及達成「全民健康」之宗旨，國健署近年來致力於為全體國人規劃不同人生階段的營養及健康飲食政策，並透過完備行政支持系統，確保民眾的健康飲食，營造健康飲食支持環境，推動營養及健康飲食教育等面向共同提升國民健康。

國健署為協助民眾建立正確營養觀念，落實健康的生活型態，於2017年起在社區中導入「營養衛生教育」，鼓勵營養師走入社區提供營養

照護服務，並於2018年起於全國各縣市均設立「社區營養推廣中心」，以社區長者為主要目標族群，由專業的社區營養師提供「當地居民營養問題分析」、「個別營養評估及諮詢」、「營養教育及健康飲食宣導」、「社區營養照護人才培訓」、「輔導共餐據點或社區餐飲業提供高齡友善健康飲食」等服務，更鼓勵各縣市於偏遠地區成立分中心，並與衛生所、基層醫療和社區組織結盟，藉以提升社區民眾營養識能，進而改善社區個人及群體的營養狀態，達到「預防疾病、延緩衰弱及促進民眾實踐健康生活」之目標。

　　現況：依據2017至2020年「國民營養健康狀況變遷調查」（如圖3-1-1），顯示國人每日飲食要符合建議標準比率仍有超量與不足。

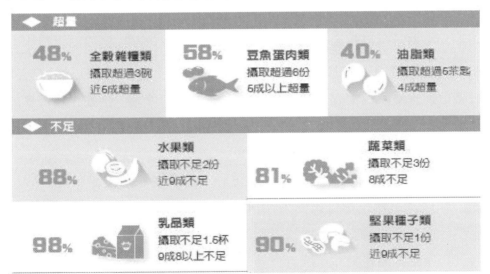

圖 3-1-1 我國 19 至 64 歲成人六大類食物攝取狀況

說明：

1.以每日需求熱量2,000大卡之六大類飲食建議份數計算，我國19至64歲成人每
　日建議攝取量：全穀雜糧類攝取為3碗、豆魚蛋肉類為6份及油脂類為5茶匙。

2.依每日飲食指南建議水果類達2份、蔬菜類至少3份、乳品類達1.5份及堅果種

子類達1份。

資料來源：國健署年報-中文版（2022）。

諸多研究顯示：「不健康飲食」是造成非傳染病的主要原因之一，期望透過監測國人營養狀況，制定健康的公共政策及多元管道傳播營養知能等，倡議健康飲食的重要性，以提升國人健康及預防慢性疾病。

四、退休生活安排

依退休金理財第一站（2023）退休後生活如何安排？可以培養這些習慣：

（一）學習財務投資規劃

雖然有準備退休金，但是要面對通貨膨脹與很多不確定變數，如可讓退休金變成被動收入持續成長，有穩定的現金流，讓你有更好生活品質與安心，這就是退休生活的重要基礎。

（二）培養自立能力

因退休後很容易瞬間失去生活重心，而產生心理失落狀況，故可提早準備並重新找尋自己的生活重心、興趣專長、出去旅遊或踏出舒適圈，嘗試新的可能，從而找到新的人生價值。

（三）保持定期運動

年長就要面對身體功能逐漸老化與衰退狀況發生，除了定期健康檢查與飲食注意外，並培養良好的運動習慣，以預防失能狀況發生；也可以找尋新的朋友，從而找到退休新生活。

第二節 健康指標

一、國民醫療保健支出持續成長

依衛福部（2023，2月）編印：中華民國110年我國國民醫療保健支出（NHE）為1兆4,265億元，較109年增加7.7%，NHE占GDP（21兆7,390億元）比重（即NHE/GDP）為6.6%（如圖3-2-1），平均每人NHE為60,783元，較109年增加8.3%。

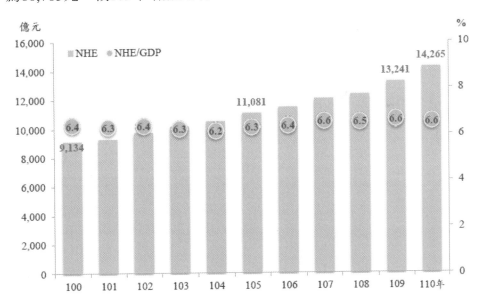

圖 3-2-1 國民醫療保健支出（NHE）占 GDP 比重

附註：依最新國民所得統計進行編算修正。

資料來源：衛福部（2023，2月）。中華民國110年國民醫療保健支出。

二、國民醫療保健支出結構簡析

　　民國110年NHE依最終用途分：個人醫療保健占85.7%，一般行政及公共衛生占7.3%，資本形成（即固定投資與存貨累積）占7.0%。依資金運用單位分：公部門（含政府部門及健保）占62.2%，私部門占37.8%（家庭占29.3%）。依資金來源分：家庭部門占46.2%，政府部門（含健保餘絀數）占29.9%，企業及民間非營利團體占23.0%，私人醫療保險行政管理費占0.9%。

三、全民健保

（一）全民有保　就醫平權

　　我國健保自1995年3月1日開辦實施後，可讓民眾獲得即時、就近且優質的醫療服務。衛福部國情簡介（2022）或衛福部中央健康保險署（下稱健保署）（2022）2022-2023健保年報：健保透過互助制度，將全體國民納入保障。凡具有中華民國國籍，在國內設有戶籍滿6個月以上的民眾，以及在國內出生之新生兒，都必須參加健保。在人權與公平的考量下，逐步擴大加保對象，包括新住民、長期在臺居留的外籍人士、僑生、外籍生及軍人等均納入健保體系。

　　2013年二代健保實施後，為全面落實平等醫療服務及就醫權利，矯正機關之受刑人亦納入健保範圍內。本國人久居海外返國重新設籍欲參加健保時，必須有在2年內參加健保的紀錄或是在國內設籍滿6個月才能加入健保；外籍人士也必須在國內領有居留證明文件且連續居留滿6個月始可加入健保，以符合社會公平正義之期待。民國110年約99.9%的國人皆已納入健保。

（二）財務平衡 永續經營

　　健保自開辦以來，以財務自給自足與隨收隨付為原則，自2021年起一般保險費費率調整為5.17%，補充保險費費率調整為2.11%。財源主要來自保險費收入並以量能負擔為原則，另將保險對象區分為6類15目，並針對不同身分類別，規範不同之保險費計算方式，如受僱者自付30%的保險費，雇主負擔60%及政府10%；職業工會會員自付60%，政府負擔40%。另對於部分特定弱勢族群，如中低收入戶、身心障礙者、無職業原住民、失業勞工及其眷屬等，則由政府給予部分或全部之應自付保險費之補助。對於未符合補助資格且繳費有困難者，亦提供無息貸款、分期攤繳或轉介公益團體等多項協助繳納保險費措施。

（三）給付完整 就醫便利

　　參加健保的保險對象，凡發生疾病、傷害、生育或事故時，皆可至醫院及診所等特約醫事服務機構接受醫療服務。目前提供的醫療服務包括：門診、住院、中醫、牙科、分娩、復健、居家照護及慢性精神病復健等。

　　在健保制度之下，民眾可以自由選擇特約醫院、診所、藥局及醫事檢驗機構，接受妥善的醫療照護服務。隨著人口持續老化，醫療科技日新月異，民眾醫療需求增加，健保醫療費用支出成本也跟著快速增加，各種新藥皆需要經過完整評估後納入健保給付。

（四）健全健保財務

　　二代健保為落實收支連動，健保署自102年起每年依協議訂定之醫療給付費用總額，完成各年度健保保險費費率之審議，以維持健保財務穩健。為因應人口老化快速，醫療支出持續增加，健保署將持續推動各項抑制醫療資源不當耗用之措施，以確保財務健全及健保永續。

（五）資訊科技導向的智慧健保服務

　　健保署在確保資安下，102年7月建置以病人為中心的「健保雲端藥歷系統」，透過健保VPN系統，提供特約醫事服務機構於診療需要時，可即時查詢病人近期的用藥紀錄，作為醫師處方開立或藥事人員用藥諮詢參考，以提升民眾就醫品質，減少不必要之醫療資源重複使用。

　　104年起擴大發展為「健保醫療資訊雲端查詢系統」，除持續精進雲端藥歷系統，並增建檢查檢驗結果/紀錄、中醫用藥、手術明細、牙科處置及手術、過敏藥物、特定管制藥品用藥、特定凝血因子用藥、復健醫療、疾病管制署預防接種等紀錄與出院病歷摘要共12類資料，有助於醫事人員臨床處置專業判斷，提供病人更好的照護品質。

　　104年起，鼓勵醫療院所上傳病人各項檢驗檢查結果，107年起，各大醫院為病人執行CT、MRI、超音波、胃鏡、大腸鏡及X光檢查，其他的基層院所即可透過健保醫療資訊雲端查詢系統調閱影像及報告內容，可為民眾節省影像複製費用及交通時間成本，也降低重複檢查的潛在健康風險。

　　107年9月起再以創新科技技術，陸續發展跨院重複用藥與檢驗，108年西藥交互作用及過敏藥，109年中西藥交互作用，111年高風險腎臟病病人非類固醇抗發炎口服藥用藥檢核等多項主動提示功能，以電腦自動運算比對，提醒醫師於處方時留意病人藥品使用情形，節省醫師於診間需閱讀大量資訊時間，提升醫療效率及品質，保障病人安全。

　　在多年的推廣基礎下，109年初COVID-19疫情發生時，雲端系統彙集內政部移民署及衛福部疾管署等跨部會資訊，在第一時間提供健保特約/非特約醫事機構、長照機構及特定公務機關等單位可查詢旅遊及接觸史等防疫資訊，成為我國防疫的關鍵利器。

　　健保署個人化雲端服務的「健康存摺」系統提供已註冊健保卡的民眾免插卡即可登入系統查詢的服務，運用一目瞭然的視覺化資訊圖表，搭

配篩選及分類功能，讓民眾快速瞭解個人最近的就醫紀錄、檢驗檢查結果及預防保健資料，直接掌握本身的健康狀況，進行自我健康管理。

　　健保實施28年，提供從出生到臨終的健康照護保障，是實踐2023年WHO倡議Health for All的最佳典範。未來健保署將與醫界及民眾攜手向前延伸預防保健，向後銜接長照，運用數位科技，透過跨域整合強化夥伴關係，打造全人全程健康照護。

第三節 健康照護

　　「高齡社會白皮書」：我國急性醫療體系採取專科化的作法，專科醫師以疾病為導向，醫病重於醫人。為因應高齡社會所可能產生之多重慢性病較為複雜之治療，健保署已對於基層醫師診治 75 歲以上長者，不限科別各項門診診察費予以加成 7.5%，未來將再視人口及健保財務狀況適時予以檢討。為有效降低高齡者因急性疾病產生失能情況，以至返回社區生活後之困境，可見強化醫療與長照之銜接，係為未來高齡者醫療健康照護之發展趨勢。

　　健保居家醫療照護整合計畫－醫師團隊包含：中西醫師、護理人員、呼吸治療人員、藥師及其他專業人員，提供「居家醫療、重度居家醫療及安寧居家療護」等照護項目。計畫目的有以下3點：

1.提升無法出門就醫病人醫療照護可近性。

2.鼓勵醫事服務機構連結社區照護網絡，降低病人住院日數或減少不必要住院。

3.改善片段式服務模式，提供病人整合性的全人照護。

　　「健康狀況」是影響中高齡者再就業的重要面向，也是企業推行職場健康促進時，須涵蓋健康老化概念的重要元素。依下列評估，提升健康工作環境融入企業文化並落實時，不僅只有中高齡工作者受益，更能擴及全體工作者及企業主。

一、身體活動

　　規律運動除了提升肌肉量、預防骨質疏鬆與穩定骨骼系統外，也能促進身心健康。

二、營養膳食

飲食應強調攝取優質蛋白質，如豆、魚、蛋、肉及奶類的食物，以滋養身心能量，並應攝取優質醣類，減少精緻澱粉，才可穩定血糖。

三、心理健康（退休規劃）

中高齡工作者除日常工作與生活壓力調整外，也會面臨退休問題，故建立充分的心理建設並妥善規劃是其中關鍵，包含理財、長照或興趣等。

四、認知促進

正視失能與失智，以及早建立良好的生活習慣來降低風險，增加大腦的保護因子，包含多動腦與運動、均衡飲食、進行社會互動與維持健康體態。

第四節 健康自主

　　我國高齡人口數量將快速增加，須強化高齡者身心健康、長照與臨終關懷，並提升其健康活力、生活福祉及自主選擇權利。

一、推廣休閒運動

（一）營造多元休閒運動風氣，可針對強化體適能、維持生活自理能力、延緩失能與預防失智。

（二）建置多元且無障礙的休閒運動設施，盤點及改善休閒運動場域之無障礙設施，並鼓勵開放並活化公有或學校運動設施。

二、強化心理健康

（一）結合民間資源及數位學習等多元策略，普及心理健康的預防與處置計畫。

（二）培養具有心理輔導專業志工，鼓勵醫院和長照機構成立心理照顧團隊，以提供社區和機構高齡者諮詢與服務。

三、提升對健康、醫療及照顧安排的自主選擇

（一）落實宣導病人自主權利之正確觀念，推廣「預立醫療照護諮商」、「預立醫療決定」以及「預立安寧緩和醫療暨維生醫療抉擇意願書」

的簽立及健保註記。（可參閱第九章第三節）

（二）推廣並強化「醫病共享決策」，提升雙方交換資訊，共同討論最佳可行之治療選項。

（三）推廣「意定監護」，提升此制度的瞭解，充分尊重本人的自主權。**（可參閱第九章第二節）**

（四）鼓勵業者提供客製化食用的健康營養、易食、安全、美味、美觀（原形）、有選擇及在地食材，可依需求提供友善的共餐或送餐服務。

四、精進醫療照護服務

（一）持續強化以人為中心，以家庭與社區醫療為導向，以在地健康照護為模式的家庭醫師制度。

（二）發展整合性醫療照護模式，如精準醫療及醫療資訊共享服務，降低管理及供應成本，提升服務可近性及醫療品質。

（三）發展遠距醫療，提供偏鄉或離島高齡者所需之醫療服務。

（四）發展住院整合照護模式，減少家屬住院陪病人力及經濟負擔。

（五）參考國際高齡友善照護原則及健康促進醫院標準並導入於醫院、診所、衛生所與長照機構。

五、提升智慧科技於健康照護的應用

（一）鼓勵醫療院所、照顧機構與高齡者家庭運用智慧科技，透過資訊與影像的傳遞，協助進行生理監測、健康管理以及照護服務。

（二）建立跨部會合作平台，階段性將發展成熟且照顧必須之智慧科技產品，納入長照支付系統，以優化照顧工作並提升照顧品質。

（三）開放長照服務使用者或家屬查詢照顧服務給付使用狀況，並提升規劃照顧服務之自主性。

六、提升失智預防與照顧

（一）提升失智者早期發現與診斷，將失智症基礎訓練納入一般醫學訓練制度，以及將失智症診療訓練納入相關專科醫師及藥事人員之訓練課程。

（二）失智症的危險因子中，中年時期的高血壓所帶來的長期病變，影響更勝於老年時期的高血壓。年齡、遺傳、睡眠障礙、聽力障礙與空汙等因子也可能促使失智症的發生。若及早就醫能在疾病初期得到正確的診斷，因失智症病人大多難以自述病況，故同居家屬的陪同就醫就能夠提供資訊，協助醫師做出正確的診斷。

（三）醫療院所媒合共照中心的資源與社工的介入協助。在共照中心的社區據點，除個管師關心健康、服藥與回診狀況外，患者也可參與社區據點的活動。社交活動可以帶給大腦許多刺激，所以安排社交生活對失智症患者是有幫助的。

（四）增進失智者居家與日間照顧的服務能量，提升失智者服務涵蓋率。提供多元服務的選擇，如加速失智症社區照顧據點或小規模多機能等失智服務據點的設立。

（五）強化失智諮詢與關懷、照護課程以及失智症家屬支持團體與喘息服務的提供。

（六）對於失智成因與照護等議題積極進行研究，以研發在地的失智症照護模式。

（七）失智症是漸進累積而成的，一旦出現相關症狀，大腦功能較難恢復，如何預防便顯得格外重要。近來有研究發現：健康生活習慣有助於降低失智症發生機率或延緩明顯症狀的病程，因此中年時期就應開始注意血壓、血脂與血糖問題，生活規律與飲食正常，同時不要抽菸並維持運動習慣，都對預防失智有所幫助。雖然目前沒有能治癒失智症的藥物，但及早發現與就醫，獲得正確的診斷並且規律用藥，可以延緩病情惡化，同時也能增加患者與家人的生活品質。

七、提升醫療與長照的銜接

（一）強化失能與失智之預防措施於醫院急診、住院及門診端，並納入延緩衰弱、失能及失智之篩檢與預防措施。

（二）提升醫療服務體系對高齡者之出院準備量能於醫療體系建立與社區資源銜接之機制，讓其從醫療至社區端均可得到持續性、整合性評估與照護服務。

（三）強化醫事人員對於健康促進、延緩失智、失能及長照服務的認識，並納入教育訓練內容。

八、強化臨終照顧

（一）推動病人在地醫療並宣導及鼓勵減少臨終階段不必要的急救醫療處置。

（二）將安寧療護與健保支付制度連結，依不同等級給付，以提升安寧服務品質。安寧團隊應思考依當事人（家庭）需求納入諮商心理師、社工師及宗教人員等專業。

（三）未來有部分高齡者可能在住宿式照顧機構度過人生最後階段，故可鼓勵機構推動臨終照顧並納入評鑑指標。

第五節　保健飲品

　　常春月刊（2023）：咖啡可以防癌與預防糖尿病，喝茶有抗氧化與防癌作用。有研究發現：無論是喝咖啡或茶，都有延年益壽的作用，兩者對腦心血管各有好處。在美國「中風期刊」中，日本大阪大學的新研究指出：不加糖不加奶的前提下，喝茶能降低中風和心肌梗塞的死亡率，而喝咖啡則能降低心肌梗塞的死亡率，兩者各有所長。適量喝咖啡或茶，皆對健康有益處。

　　綠茶的抗氧化成分主要是兒茶素：一種抗氧化作用很強的植化素，也是生物類黃酮。「兒茶素」的好處有：

一、可以降低血脂肪濃度及不好的低密度脂蛋白（膽固醇），提升好的高密度脂蛋白（膽固醇）。

二、延緩澱粉分解及血糖上升的速度。

三、可以抑制沉積在大腦的斑塊（斑塊是造成老年失智、認知退化的原因之一）同時與有毒物質結合，藉此預防老年失智症。

　　陳大樂（2022，8月）常春月刊第 473 期：喝茶最佳時間落在早晨 9～11 點，其餘時間淺嚐卽可。康寧醫院營養師陳詩婷說明：因爲茶的咖啡因及茶鹼具有興奮的作用，若下午 3 點後喝，容易影響睡眠，而且茶鹼跟咖啡因本身有利尿的作用，晚上喝茶，容易夜尿過多，影響睡眠。

　　不建議飯後喝茶，這是因爲兒茶素結合後會成爲單寧，單寧是植物澀味的來源，其一遇到熱水或與空氣接觸，就會氧化成單寧酸，進到體內會使蛋白質凝固，因此飯後喝茶，容易會有消化不良的狀況。空

腹也不建議喝茶，因為茶中的咖啡因會刺激胃酸分泌，腸胃功能不好的人或是有胃潰瘍病史的人，都不建議空腹喝茶。

陳詩婷表示目前並沒有對茶飲訂出飲用上限，不過就以咖啡因含量來看，衛福部建議：健康成人一天不要喝超過 300 毫克，約是 2～3 杯的美式咖啡或 5～6 杯的綠茶。

咖啡被深入研究的重要成份以「綠原酸」為主。有研究發現咖啡在肝癌方面有令人意想不到的預防效果，原來綠原酸主要有調節肝臟的各種機能作用，對於和肝膽相關的癌症都有保護作用。綠原酸更重要的是有調節胰島素的作用，因此可以調節血糖，血糖過高也是影響血管發炎的危險因子，因此喝咖啡能降低心肌梗塞或中風。

不過要注意的是：無論是綠茶或咖啡，都有增加胃食道逆流的風險，所以建議民眾要視自己的狀況選擇喝茶或咖啡。若喝綠茶太刺激，可以改喝半發酵茶，咖啡也可改喝中、重烘焙的咖啡，綠原酸濃度降低，比較不易刺激胃食道逆流，也有保健作用。

第六節 保健名言

瀚香醫生（2018，10 月 24 日）在「健康」發表—陳立夫先生的養生口訣：「養身在動，養心在靜；飲食有節，起居有時；物熟始食，水沸始飲；多食果菜，少食肉類；頭部宜冷，足部宜熱；知足常樂，無求常安」。

第四章 投資理財

第一節 投資理財之意義

　　黃建森、楊義隆、張捷昌、歐仁和與洪仁杰（2002）對於**投資**之定義：係指經濟成員犧牲目前消費，藉以換取未來不確定收益之經濟活動。本章僅言之**金融投資**之定義：凡購買金融商品，以獲得報酬與資本利得屬之。個人理財或財務管理之定義：個人運用資金，以求投資報酬之極大化，從而累積財富。

第二節 理財觀念與個人財務

一、正確的理財觀念

（一）了解自己的財務狀況。

（二）設定財務目標。

（三）精進理財能力。

（四）選擇適合自己的投資策略。

二、及早規劃投資理財

　　及早接觸投資理財知識，讓財富穩定成長，另多關心自己與家人的健康與財務問題，並爲將來做好準備。

三、及早做好退休安排

　　開始工作時就積極規劃理財方案，可從儲蓄、保險或基金等著手。

第三節 簡易投資理財工具

　　人生累積財富有兩種方式：即開源與節流。節流可從控制花費與
減少不必要開支是投資理財的第一步，再來越早學習理財知識與能力，
就能越早累積財富並讓生活無虞。本節將針對下列簡易投資理財工具
分析（如表 4-3-1），讓大家有基本之認識。

表 4-3-1 簡易投資理財工具分析

工具	風險	報酬	優點	缺點
定存	低	低	穩定	報酬低
儲蓄險	低	低	穩定	報酬低
債券	中	中	穩定	利率風險高
ETF	中	中	分散風險	有投資風險
基金	中	中	選擇多元	有投資風險
股票	高	高	高報酬	風險高

資料來源：本著作自行整理。

　　投資理財的基本觀念是風險與報酬相依，所以如何降低風險，提
升獲利是期望，但累積「時間」是關鍵，即為賺取合理報酬，需要具備中
長期的定期投資，才能顯現複利效果。下列將對工具進一步介紹。

一、債券

黃建森等（2002）：債券（bond）是由公司或政府機構等資金需求者發行的長期本票。臺灣證券交易所（2023，下稱證交所）：公債與外國債券均可在證交所掛牌上市交易。公債是由各級政府機構為了滿足其收支需求所發行之中長期債券。目前由中央政府所發行之記名式「中央登錄公債」，其相關權利均以電子方式記錄，最大特點是以公債存摺代替原有之實體公債來進行交割。外國債券則是由海外機構為募集資金而在本國市場所發行之債券。

中國信託銀行（2023，下稱中信銀）：債券由發行機構（政府機構、跨國性國際機構、公司企業、金融機構或其他機構組織）所發行，並承諾於債券到期前，定期支付事先約定的配息，並於債券到期時，返還債券所載明面額的有價證券。

（一）投資債券之好處

1.定期配息：投資人持有債券期間內，定期獲取配息，配息視債券發行條件上載明的票面利率而定。

2.到期返還面額：債券到期時，發行機構依債券面額返還給投資人。

3.潛在資本利得：債券可在次級市場進行交易，隨著債券市價變動，若市價比投資人原本買價高，則投資人可選擇於次級市場賣出債券，享有資本利得收入。

（二）票面利率與殖利率之定義，以及殖利率與債券價格之關連。

1.票面利率：即債券發行條件上載明的利率。

2.殖利率：係指投資人從買進債券後，一直持有到債券到期為止，這段期間的實質投資報酬率，故殖利率又稱「到期殖利率」（YTM，Yield to Maturity）。

3.「殖利率與債券價格」有反向變動的關係，即當殖利率上揚，則債券價格下跌，反之當殖利率下跌，則債券價格上漲。

（三）債券投資主要風險（鉅亨網，2023）

1.利率風險：利率與債券價格呈反向關係，越長期的債券，利率風險越高。

2.購買力風險：通貨膨脹持續發生時，會降低債券持有者的收益。

3.違約風險：即信用風險，發債機構無法償還本息，造成債券持有人損失。

4.流動性風險：利率急刻變動而促使交易商加寬報價或是停止報價，造成損失。

5.再投資風險：債券利息再投資，因市場利率走低，可能出現比債券收益率低的情況，越接近到期日，再投資風險越高。

6.強制贖回風險：債券發行單位，在到期日之前，依特殊條件贖回債券。

7.匯率風險：投資國際債券時，可能面臨匯率改變的損失。

二、ETF

證交所（2023）：ETF 英文原文為 Exchange Traded Fund，中文稱為「指數股票型基金」是一種由投信公司發行，追蹤、模擬或複製標的指數之績效表現，在證交所上市交易的開放式基金。ETF 兼具開放式基金及股票之特色，上市後可於**初級市場**（證券首次發行買賣之市場）進

行申購或買回，亦可於**次級市場**（證券上市或發行後買賣流通之市場）盤中交易時間隨時向證券商下單買賣。

（一）爲何投資 ETF？（中信銀，2023）

1. 省時間：ETF 產品多元且豐富，投資範圍涵蓋全球股市、債市與各種產業，目前全球主要指數大部分皆有對應的 ETF 標的，只要選擇市場與選好方向，不用大錢就能投資。無須研究個股，免去個股選擇，更容易找到相對合適標的。ETF 隨時滿足多樣化的投資需求，交易更爲便利靈活，下單卽時，流通性亦較高。

2. 避風險：當你買了 ETF，實際等同於買了它所追蹤的指數，一籃子股票組合的概念，資金被分散在各個標的上，單一股票的漲跌波動，並不會對績效造成太大影響，有效降低個別公司所帶來的風險，同時降低投資組合的波動性。運用被動式投資有效分散風險，使投資人處在相較安全的位置上。

3. 易掌握：ETF 以複製指數表現爲目標，故其投資組合內容與標的指數成分雷同。投資人可以隨時上發行公司的網站觀看持股內容，或每日公布之實物申購買回淸單了解 ETF 持股內容，投資標的一目瞭然，投資組合透明度高，同時不易受人爲因素影響，投資人較容易了解投資組合特性，並做出適當的預期。

（二）誰適合投資 ETF？

1. 沒有時間。
2. 擔心風險。
3. 不太懂投資。
4. 小資理財。
5. 懂得投資運用。

三、基金

共同基金之意義（黃建森等，2002）：匯集許多小額投資人的錢，交給專業的機構及經理人來投資管理，以獲取利潤，再將利潤分給原始投資人的一種投資理財工具。

（一）基金依**發行方式**區分（基富通，2023）

1.「封閉式基金」是總發行單位數固定，也有可能會到期，且發行後的交易都會在次級市場進行，也就是會有買家跟賣家的市場，而不是直接向基金公司申購和贖回，所以就跟股票一樣，如果你想要買進一單位的封閉式基金，就要有另一個投資人願意賣出一單位才會成交。也因為這種特性，所以會有兩種不同的價格，一個是在市場上的成交價格，即買賣的「市價」，另一個是基金本身的投資組合價值，稱為「淨值」。

2.「開放式基金」是總發行單位數不固定，所以基金的規模會因為投資人每天申購或贖回的數量差異而有所不同。而現在市場上大部分的共同基金都是開放式基金，交易的對象是基金公司，也可在初級市場交易，所以不會有買不到或賣不出去的問題。這點就跟封閉式基金不一樣，因為交易市場的不同，開放式基金每天只有一個價格，就是基金本身的價值，也就是「淨值」。

（二）基金依管理方式區分

1.「主動式基金」是由基金經理人主觀的決定投資的標的為何，投資的策略和進出市場的時間也由經理人決定，這類基金的目的是要取得超越市場指數的績效表現為目標。而市面上大部分的共同基金，都是主動式基金。

2.「被動式基金」則非透過經理人主觀的判斷，而是依照想要追蹤的市場大盤指數，按其成分與權重，建構一個模擬出特定指數績效的投資組合，例如台灣加權指數或道瓊指數等，目的是賺取與大盤相同的績效，故被動式管理的共同基金，也稱作「指數型基金」。而另一種常聽到的被動式基金為「ETF」特性與指數型基金相同，不過同時具備開放型和封閉型基金的性質，且交易方式不同於共同基金，是在交易所買賣，與股票的交易方式一樣。

（三）基金依投資標的物區分

1.股票型基金：投資標的以股票為主，持股比例規定至少要超過 70%。

2.債券型基金：投資於債券，又由於債券有發行者按期支付利息給投資人的特性，因此也常被稱為「固定收益型基金」。

3.平衡型基金：投資標的同時包含了股票跟債券，所以平衡型基金的風險和收益，大致上介於股票型基金和債券型基金之間。

4.貨幣型基金：以到期日在一年以內的貨幣市場金融工具為主要標的，像是國庫券、商業票據或銀行存款等，流動性極佳且風險低的商品。

5.組合型基金：投資標的為其他基金，而不是直接投資於股票或債券等。只要買一檔組合型基金，就等同申購好幾檔基金。

（四）選擇基金時可考慮下列 6 項因素

1.了解自己的理財目標。

2.考慮自己的年齡、收入及能忍受風險的程度。

3.考慮投資資金的來源及何時需要運用這筆資金。

4.掌握投資地區的景氣與產業變動的趨勢。

5.收集投資標的基金的相關訊息。

6.掌握風險分散的原則。

四、股票

（一）證交所（2023）：

　　公司以籌措資金為目的，發給投資人固定金額或面值之憑證作為參與公司投資之證明，換句話說即是將公司之資本分割為許多股票，每張股票均代表一固定金額，而持有此股票可表彰投資人對發行公司之所有權。股票大體可區分為 2 種類型：

1.普通股 Common Stocks：當公司只發行一種股票時，此股票即是一般熟悉之普通股。

2.特別股 Preferred Stocks：公司發行兩種以上不同型態之股票時，當中若有股票提供持有者享有部分優先之權利或是設有限制條款時，此類股票則是特別股。

（二）證券分析（黃建森等，2002）可分為 2 種

1.基本分析：可分為總體經濟、產業、財務與股價模式等分析。

2.技術分析：可分為趨勢、型態與人氣指標等分析。

第四節 投資理財規劃步驟

一、設定退休目標

（一）查詢平均餘命

在進行規劃時可預定 65 歲退休，另查詢平均餘命（請參閱「內政部」（2023）臺閩地區簡易生命表平均餘命）。舉例：民國 110 年 50 歲男性，查詢平均餘命為 30.31 年（以下設定為 30 年）。

（二）預定退休後每月生活費

依中華民國統計資訊網（2023）主計總處民國110年家庭收支調查：平均每人月消費支出為23,513元。退休後平均每月生活費先以3萬元設定，並假設每年通貨膨脹率（下稱通膨率）為3%，那15年後的每月生活費，則現在需準備46,739元[＝30,000 x（1.03）^{15}]，30年後則現在需準備72,818元[＝30,000 x（1.03）^{30}]（理財鴿/財務計算機，2023）。承上舉例再取中間值，將（46,739+72,818）／2＝每月59,779元x12個月x15年＝約1076萬元（65歲至80歲，總計15年所需生活費）。

二、整理個人資產負債與收支狀況

（一）個人資產負債

個人資產如流動性資產（現金、定存與有價證券等）與固定資產（房屋、土地、汽機車與貴重物品等）。可用手機下載「集保e手掌握APP」（如圖4-4-1），讓流動性資產一目了然。登入該網頁一站式可查

閱多家銀行餘額及交易明細，並e手掌握「證券+基金+銀行」等資產金額。

　　個人負債如信用卡帳單、房貸、信貸與車貸等。

圖 4-4-1 集保 e 手掌握推廣網站

資料來源：集保 e 手掌握推廣網站（2023）。

（二）個人收支狀況

　　個人收入如薪資、投資（利息、股息與資本利得……）與其他收入（保險金、退休金與租金……）等。

　　個人支出如生活費、教育費、投資費、房貸費、醫療保險費、娛樂旅遊費、水電瓦斯費、孝親費、照護費與各項稅款等。

三、擬定退休前儲蓄與投資計畫

（一）計算出退休時所需金額（退休時幣值）

　　承上65歲至80歲時，如果每年會有20萬元的赤字（以目前幣值計算），因此我們需先計算在退休時所需金額（儲蓄）。假設每年通膨率為3%，後續15年**各年幣值**與**退休時幣值**（假設儲蓄或投資報酬率為5%）如表4-4-1所示。例如：退休後第1年（距離目前年數16年）幣值＝200,000x$(1.03)^{16}$＝320,941元，以下各年可類推其終值。再將各年幣值（終值）折現（折現率＝儲蓄或投資報酬率為5%）到退休時幣值（現值），因此在退休時，需要儲蓄之總金額為<u>4,020,824</u>元。

　　舉例：目前有 100 萬元儲蓄（本金），假設每年有 5%的報酬率，則 15 年後可有 100 萬 x$(1.05)^{15}$＝<u>2,078,928</u>元；因此在 65 歲時，至少需累積 <u>1,941,896</u>元（退休時幣值）＝<u>4,020,824 - 2,078,928</u>。

表 4-4-1 各年幣值與退休時幣值

距離目前年數（y）	退休後第幾年	各年幣值＝ 200,000 x（1.03）^{y}	退休時幣值＝各年幣值/[200,000 x （1.05）$^{y-15}$]
16	1	320,941	305,230
17	2	330,570	299,837
18	3	340,487	294,125
19	4	350,701	288,523

20	5	361,222	283,027
21	6	372,059	277,636
22	7	383,221	272,348
23	8	394,717	267,160
24	9	406,559	262,072
25	10	418,756	257,080
26	11	431,318	252,183
27	12	444,258	247,379
28	13	457,586	242,668
29	14	471,313	238,045
30	15	485,452	233,511
合計			4,020,824

資料來源：本著作自行整理。

（二）計算每年應儲蓄金額（每年之幣值）

　　承上在 65 歲時，至少需累積 1,941,896 元，即現在每年應儲蓄金額（年金）爲 89,992 元（如圖 4-4-2）。

試算每期應存多少錢？

我預計想要在未來幾年後，能夠累積一筆基金，在「固定」的報酬率下，現在每期(月/季/年)應該要「固定」存多少錢？(為了保守估算、安全準備，通常假設期末存錢)

PMT
·年金等額現金流

目標金額〔FV〕(*必填)
1,941,896 元

年報酬率〔I%〕(*必填)
5.00 %

年數〔n〕(*必填)
15.00 年

○ 期初 ● 期末
(為了保守估算，預設以「期末」計算)

每期應存多少錢？〔PMT〕

在每年的固定報酬率 5.00 % 下，我如果想要在未來第 15.00 年達到儲蓄目標 1,941,896 元：

我每月應該要存
7,265 元

我每季應該要存
21,924 元

我每年應該要存
89,992 元

圖 4-4-2 計算每年應儲蓄金額（年金）

資料來源：理財鴿（2023）。

（三）規劃每年支出狀況

上述每年應儲蓄金額 89,992 元，可運用儲蓄/投資餘額法（如表 4-4-2）來協助我們掌握進度。

表 4-4-2 50 至 65 歲儲蓄/投資餘額

距離目前年數	退休前第幾年	原 100 萬元資產應累積幣值（5%報酬率）	每年儲蓄 89,992 元應累積幣值（5%報酬率）	總　計應累積幣值
1	15	1,050,000	89,992	1,139,992
2	14	1,102,500	184,484	1,286,984

3	13	1,157,625	283,700	1,441,325
4	12	1,215,506	387,877	1,603,383
5	11	1,276,282	497,263	1,773,545
6	10	1,340,096	612,118	1,952,214
7	9	1,407,100	732,716	2,139,816
8	8	1,477,455	859,343	2,336,798
9	7	1,551,328	992,303	2,543,631
10	6	1,628,895	1,131,910	2,760,805
11	5	1,710,339	1,278,497	2,988,836
12	4	1,795,856	1,432,414	3,228,270
13	3	1,885,649	1,594,027	3,479,676
14	2	1,979,932	1,763,720	3,743,652
15	1	2,078,928	1,941,898	4,020,826

註：表上 4,020,826 與原 4,020,824 之差異係因進位所致。

資料來源：本著作自行整理。

四、調整或修正計畫

　　每年須定期（動態）檢視上述三步驟，當發生支出大於收入（缺口）時，即須調整或修正計畫，讓財務可以平衡。其因應計畫之步驟如下：

（一）若缺口是突發性，可採取節流方式處理；若缺口會持續擴大，則　　　須進行下一步驟處理。

（二）重新審視退休前的預期收支狀況，將不必要的支出加以調整或修正，例如換車可選購較便宜車價或延長換車之時間。

（三）如果採取上述兩步驟仍無法填補缺口時，須設法開源，例如兼職來增加收入等。

（四）若依步驟（三）還是有缺口時，則需考慮延長退休年限，以換取較長的時間準備。

第五節 投資理財平台

　　剛出社會的年輕族群若想在未來可以好好退休，從現在起就得養成儲蓄與理財習慣，進而累積財富。雖然國人目前有社會保險退休制度，可以協助退休生活之基本保障，但在各種保險年金改革之際，仍得做好其他投資理財規劃。

一、退休四大風險

　　在進行退休規劃時，最擔心的是準備金不夠支撐未來的退休生活，為了將退休金準備理財最大化，應注意以下四大風險：
（一）長壽風險。
（二）通膨風險。
（三）健康風險。
（四）投資風險。

二、估算 65 歲（及以上平均每戶消費支出）至 80 歲應準備 的退休金

　　依主計總處（2022，10 月）民國 110 年家庭收支調查報告：65 歲及以上平均每戶消費支出為 571,977 元（如表 4-5-1）X15 年＝8,579,655 元（未包含通膨率等因素）。

表 4-5-1 民國 110 年 65 歲及以上平均每戶消費支出

總　平　均				
戶數	平均每戶人數	可支配所得	消費支出	平均每月
2,138,798	1.97 人	692,011 元	571,977 元	47,665 元

資料來源：主計總處（2022,10 月）。本著作自行整理。

三、餘命年數與每月生活費不同所需的退休金

假設 65 歲退休後面對不同的餘命年數與每月生活費計算出所需的退休金（如表 4-5-2）。

表 4-5-2 退休後餘命年數所需退休金

每月生活費 （單位：萬元）	餘命年數（年齡）所需退休金（單位：萬元）		
	15 年（80 歲）	20 年（85 歲）	25 年（90 歲）
2	360	480	600
3	540	720	900
4	720	960	1,200
5	900	1,200	1,500
6	1,080	1,440	1,800

註：每月生活費未含通膨、長照與醫療費等。

資料來源：本著作自行整理。

四、計算由個人退休制度可領取之金額（可參閱第六章）

（一）退休金三大支柱（如圖 4-5-1）

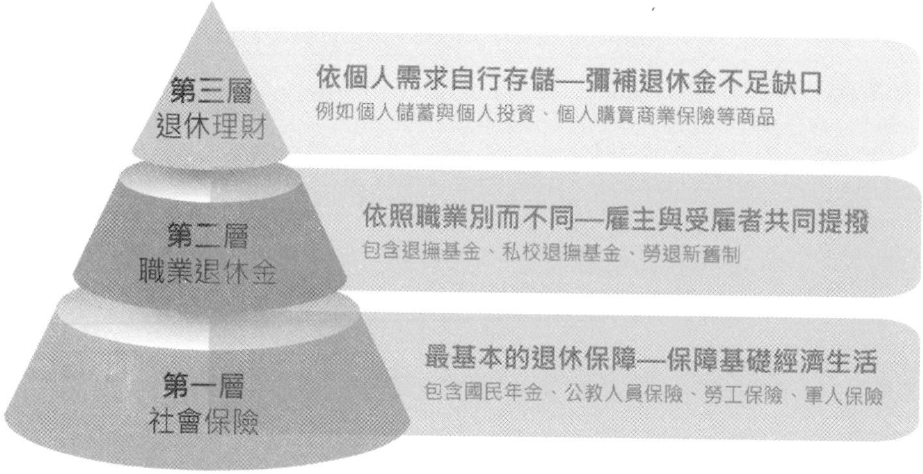

圖 4-5-1 退休金三大支柱

資料來源：好命退休聰明理財平台（2023）。

（二）好命退休計算機

　　你有計算過退休後要準備多少錢嗎？如果你完全沒概念，那麼不妨可以利用「好命退休聰明理財平台」。中華民國退休基金協會（下稱退協）攜手多家金融夥伴打造試算平台，民眾只要登錄簡單資料，就能計算出退休應存多少錢，同時提供多項投資建議，讓民眾提早為退休生活開始準備。

　　退協理事長王儷玲（2022，10 月）指出：民眾在退休理財上常面臨「低估退休金金額」與「準備時間不足」兩大痛點，為了讓民眾更瞭解退休後所需金額，退協特別開發智能化退休金試算工具「好命退休計算機」（如圖 4-5-2），協助民眾量身訂做個人退休理財計畫。

圖 4-5-2 好命退休計算機

資料來源：好命退休聰明理財平台（2023）。

　　進入「好命退休計算機」開始計算：需填寫**基本資料**（舉例年齡為
50 歲、職業別為勞工、開始工作年齡 25 歲及預計退休年齡 65 歲等）及
詳細資料（退休金制度為新制、個人目前薪資 5 萬元、薪資年成長率
1.5%及退休自提比率 3%等）後產出**計算結果**：「你的三層退休金」（如
圖 4-5-3）每月開銷 4 萬元時，個人退休金總需求為 1,005 萬元。其中第
一層勞保老年年金給付（下稱勞保）每月可領28,396元，第二層勞退新
制月退休金（下稱勞退）每月可領12,445元，以上合計每月可領40,841
元。

你的三層退休金

讓我來告訴您:退休金可以分為三層哦!

您在制度下可以領到的退休金
第一層勞保老年年金給付:
每月可領28,396元

第二層勞退新制月退休金:
每月可領12,445元

合計每月可領40,841元

我知道了

圖 4-5-3 你的三層退休金

資料來源:好命退休聰明理財平台(2023)。

五、計算退休金不足缺口，需依個人需求自行準備

我的退休報告書

退休金計算結果

個人退休金總需求	勞工保險+勞工退休金	個人投資自行準備金	退休金缺口
1,005萬	776萬	0萬	229萬

退休金總需求

您的職業為**勞工**，目前年齡為**50**歲，依您目前的規劃，預計於**65**歲退休，且預計退休每月開銷**40,000**元時，計算退休金總需求為**1,005**萬。

勞工保險+勞工退休金

退休時，可從政府社會保險領取第一層勞保老年年金每月**28,396**元；職業退休金領取第二層勞退新制月退休金每月**12,445**元，合計每月可領**40,841**元。（退休金總需求）扣除（勞工保險+勞工退休金）後，仍缺**229**萬。

您的FUN心好命退休方案

如果您只有勞工保險+勞工退休金，已可讓您活到80歲。
建議您從現在開始，每月定期定額存**10,000**元，您所需要的目標報酬率將為**3.11**%，將可讓您活到**85**歲 都沒有退休金缺口。

圖 4-5-4 我的退休報告書

資料來源：好命退休聰明理財平台（2023）。

　　如上圖 4-5-4「我的退休報告書」中退休金缺口 229 萬元（＝退休金總需求 1005 萬元－勞保及勞退金 776 萬元，在個人投資自行準備 0 元），需依個人需求自行準備。退休投資商品建議：由於退休理財需要盡早且長期規劃，依照您目前的年齡爲 50 歲，在退休規劃上屬長期平衡穩健期，建議可選投資年化報酬率[下稱報酬率＝（每期現金股利＋資本利得）/期初投入資本]或現金殖利率（下稱殖利率＝每期現金股利/期初投入資本）5%的金融商品進行投資，如圖 4-5-5 試算後得到每月應存（投資）10,920 元，每年應存（投資）132,420 元。

試算每期應存多少錢？

我預計想要在未來幾年後，能夠累積一筆基金，在「固定」的報酬率下，現在每期(月/季/年)應該要「固定」存多少錢？(為了保守估算、安全準備，通常假設期末存錢)

目標金額〔FV〕(*必填)
2,290,000 元

年報酬率〔I%〕(*必填)
2.00 %

年數〔n〕(*必填)
15.00 年

期初 ● 期末
(為了保守估算，預設以「期末」計算)

每期應存多少錢？〔PMT〕

在每年的固定報酬率 2.00 % 下，我如果想要在未來第 15.00 年達到儲蓄目標 2,290,000 元：

我每月應該要存
10,920 元

我每季應該要存
32,822 元

我每年應該要存
132,420 元

圖 4-5-5 計算每期應存（投資）金額

註：上圖試算用年報酬率（殖利率）2%＝年報酬率 5%－年通膨率 3%。
資料來源：理財鴿（2023）。

六、選擇適合自己的投資理財工具

　　爲達順利退休可選擇風險較低但有穩定現金流，甚至能因應未來通膨的金融商品；另須持續性投資，不要進進出出，越早開始，才能累積的越好。雖然中壯年族群用在家庭上的開銷較大，但是仍鼓勵每月提撥薪資的 10%至 20%作定期定額，選擇報酬率或殖利率 5%以上的中長期投資商品，就是爲將來做準備。比起買賣股票或主動式管理的基金，定期買進並且中長期持有被動式指數股票型基金（ETF）既可穩健獲利又安心，例如：投資 0050（元大台灣 50）、0056（元大高股息）與 00878（國泰永續高股息）等。

第六節　高齡理財工具

　　目前業者經金管會核准後有推出適合高齡者的理財商品，例如保單活化、年金險、長照險、以房養老貸款與安養信託等，其立意考量年長者經濟安全風險（可參閱**第五章與第九章**等內容）。

　　依銀行局 2023 年 3 月底統計「銀行辦理商業型不動產逆向抵押貸款（以房養老）情形」：核貸 6,957 件數，核貸額度新臺幣 395 億元。

　　「安養信託」是高齡者或其親屬將金錢、有價證券或不動產等財產，向信託業者辦理信託，以作為長者安養的財產管理、安養照護與醫療給付等。若長者不幸失能或失智進入長照狀態，所需的生活費、醫療費及長照費等費用，就能由銀行透過信託財產來支付。

第七節 結論

　　選擇投資理財工具時，可參閱以下原則：

一、及早開始：時間是準備退休金的關鍵，且定期投資也較能分散風
　　險，而使平均成本下降。

二、轉嫁風險：適當的購買保險商品來因應生活中的變故，且愈年輕
　　投保，保費愈低。

三、預留現金：以備不時之需。

四、管控收支：須讓支出小於收入，以減緩退休金的流失速度。

五、慎選工具：建立多元穩健的投資組合，才能解決未來的多重風
　　險。

六、規劃節稅：減少稅賦支出。

七、持之以恆：長期投資。

第五章 保險商品

第一節 保險之簡介

　　目前國人雖有全球稱羨的健保制度給予最基本的醫療保障，但因仍有部分負擔或自費需自行籌措，故個人可透過商業保險來轉嫁風險。另因意外或疾病所致的醫療、長照、失能或死亡等損失，亦可投保相關保險來填補。

　　進行退休規劃時，除了強調財富累積之外，還必須考慮穩定現金流、長照與醫療費。因長壽風險會造成退休金不足或現金流不穩定，故國人可透過年金保險來獲得穩定的現金流；另平均餘命延長，民眾亦可透過商業保險來獲得保障。

　　保險的十大價值：「病有所醫、殘有所仗、老有所養、壯有所倚、幼有所護、親有所奉、愛有所繼、錢有所積、財有所承與產有所保」。

一、保險之定義

保險法第 1 條：本法所稱「保險」，謂當事人約定，一方交付保險費於他方，他方對於因不可預料，或不可抗力之事故所致之損害，負擔賠償財物之行為。

二、保險之分類

「保險法第 13 條：保險分為財產保險及人身保險。」若以保險經營主體則可分為政策保險（例如健保）與商業保險。

（一）財產保險（下稱產險）：包括汽機車、火災、海上、陸空、責任、保證等保險。

（二）人身保險（下稱壽險）之分類依保險法（如表 5-1-1）。

表 5-1-1 壽險之分類

項次	保險分類	保險法第〇條	定義
1	人壽	101	人壽保險人於被保險人在契約規定年限內死亡，或屆契約規定年限而仍生存時，依照契約負給付保險金額之責。
2	健康	125	健康保險人於被保險人疾病、分娩及其所致失能或死亡時，負給付保險金額之責。
3	傷害（意外）	131	傷害保險人於被保險人遭受意外傷害及其所致失能或死亡時，負給付保險金額之責。 前項意外傷害，指非由疾病引起之外來突發事

			故所致者。
4	年金	135-1	年金保險人於被保險人生存期間或特定期間內，依照契約負一次或分期給付一定金額之責。

資料來源：本著作自行整理。

（三）壽險之市售商品常見分類（如表5-1-2）。

表 5-1-2 壽險之市售商品常見分類

項次	市售商品	說明
1	人壽保險 （下稱為壽險）	壽險依保險期間可分為定期或終身壽險，另投保時可依個人自身狀況，選擇適合的保險金額（下稱保額）。
2	醫療險 （可稱健康險）	指保險人補償被保險人因疾病或意外傷害所發生的各項醫療費用的保險。
3	長期照顧保險 （下稱長照險）	針對被保險人，因疾病或意外傷害造成，經由專科醫師診斷，符合生理功能障礙或心智功能障礙之情形，且持續00日（免責期間）者，保險公司提供一次或分期給付長照費用之保險金，作為經濟來源補助之保險商品。
4	失能扶助險 （下稱失能險）	依保單規定的失能等級認定，保險理賠方式有「一次性與分期給付」兩種。

資料來源：本著作自行整理。

（四）各年齡階層建議投保保險商品（如表 5-1-3）。

表 5-1-3 各年齡階層建議投保保險商品

建議投保保險商品	各年齡階層			
	青少年（20 歲以下）	青壯年（年滿20～45 歲）	中高齡者（年滿 45 歲～65 歲）	高齡者（超過 65 歲）
意外險（傷害險）	V	V	V	V
醫療險（健康險）	V	V	V	V
壽　險		V	V	
失能險		V	V	
長照險			V	V
年金險（儲蓄險）			V	V

資料來源：本著作自行整理。

第二節 醫療險

一、醫療險常見類型商品（如表 5-2-1）。

表 5-2-1 醫療險常見類型商品

項次	類型	簡介
1	日額型	保障住院日額、手術費用，依住院天數給付保險金。
2	實支實付型	保障健保未給付的醫療自費金額，即補償實際支出的醫療費用，另依保額內給付。
3	癌症險	保障確診罹癌相關的支出，例如手術、門診或化療等。
4	重大疾病險	可針對心肌梗塞、冠狀動脈繞道手術、癱瘓或器官移植等重大疾病，理賠一次給付保險金

資料來源：本著作自行整理。

    依衛福部：中華民國 110 年我國國民醫療保健支出平均每人為 60,783元，內政部：110年國人平均餘命為80.86歲。以上兩項均呈現逐年遞增趨勢，且將 60,783 元 x80.86 歲＝4,914,913 元（目前每人一生醫療保健支出總額，不含未來遞增費用），所以國人須投保「醫療險」才能轉嫁醫療支出風險，減少經濟負擔。

二、購買「醫療險」的兩大原因

（一）支付自費醫療費用：如健保部分負擔、病房費差額、自費醫材
　　　與健保不給付項目等。

（二）填補住院期間收入損失。

第三節 失能險

　　因 2020 年一波失能險停售潮，故現售的商品多為保險公司調漲保費、調整為定期保險或修改理賠內容的新商品。失能等級及理賠的認定：依失能險商品公布的失能程度與保險金給付表，共分成 11 個等級。失能險理賠金給付方式與保障期間之分類（如表 5-3-1）

表 5-3-1 失能險理賠金給付方式與保障期間之分類

理賠金	月/年扶助金	發生失能程度後，按約定的給付次數上限，按月/年領到扶助金。
	一次金	發生失能程度領到一次保險金。
保障期間	終身險	保費較貴，但期滿後就享有終身保障。部分商品還有「月/年扶助金」保證給付，或是符合失能程度即可豁免後續保險費。
	定期險	保費較便宜且將「失能一次金、失能月/年扶助金」分為單獨給付商品，但須注意商品是否有「保證續保」，若未來商品停售即無法續保。

資料來源：本著作自行整理。

第四節 長照險

一、長照需要率與長照費用

　　2010 年的戶口普查資料顯示我國老年人的長照需要率為 12.7%，依此推估至 2026 年增加為 771,431 人，其中 65 歲以上老人所占比率更是逐年上升，而 65 歲以下者的需要人數則是大致持平（如圖 5-4-1）。

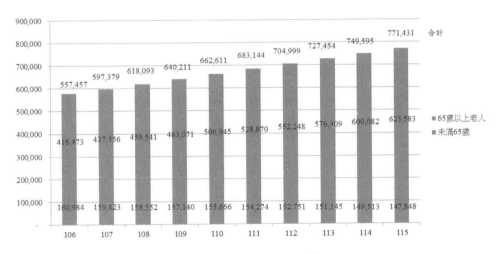

圖 5-4-1 長照需要人口推估

資料來源：衛福部（2016，12 月）。長照十年計畫 2.0（106～115 年）（核定本）。

　　由下表5-4-1可知長照費用負擔相當沉重，對個人或家庭皆會帶來重大身心與財務壓力。

表 5-4-1　長照費用

單位：新台幣（元／每月）

居家式	自行照顧		15,000-30,000
	專人照顧	白天：30,000-40,000	
		全天：60,000-70,000	
		外籍看護：20,000 以上	
居家式	專人照顧	本國看護：50,000 以上	
社區式	日間照顧：15,000-18,000（不含交通、特殊器材及家人照顧成本）		
機構式	立案療養床：25,000		
	護理之家：30,000-40,000		

註：上述金額未計入近年來薪資與物價調漲。

資料來源：財團法人保險事業發展中心（2009）。長期看護保險制度與推動之研究。

二、長照險簡介

在目前市售長照險商品大致上可分為綜合保險型（壽險＋長照）及健康保險型（僅長照，且大部分為附約）兩類型，而其內容簡介（如表5-4-2）。

表 5-4-2　市售長照險商品內容簡介

給付項目		綜合保險型		健康保險型
		非帳戶型	帳戶型	
基本項目	身故保險金	保額	總理賠限額扣除已領長照保險金	無
	長照保險金	分期給付保險金，可選擇年/半年/季/月　領		
	豁免保險費	符合長照狀態後，豁免長照狀態期間保險費		
配備項目	長照復健保險金	一次給付保險金（有些保單未提供）		
	祝壽保險金	同身故保險金金額		無

資料來源：本著作自行整理

三、長照險與類長照險比較

目前長照險市場尚有「類長照險」商品，主要為「失能險與重大疾病暨特定傷病險」，因兩者商品皆可設計含有長照概念之長期性給付保險金，透過限期或限額的給付方式，依被保險人失能或罹病狀態作為給付條件，類似於長照險之保障。長照險與類長照險商品比較表（如表5-4-3）。

表 5-4-3　長照險與類長照險商品比較表

商品類型	長照險	失能險	重大疾病或特定傷病保險
商品定位	重度失能或失智風險	中重度失能風險	重大疾病或特定傷病風險
保險範圍	被保險人經專科醫師診斷判定，符合規定之生理功能障礙或認知功能障礙兩項情形之一者。	被保險人因疾病或意外導致 1-11 級失能狀態。	被保險人須符合保單條款的重大疾病或特定傷病範圍及定義。
理賠依據	依巴氏量表或其它臨床專業評量表診斷判定	依失能等級表	依中央衛生主管機關公告之重大疾病範圍或保單條款的特定傷病項目
商品評價	能轉嫁失能或失智風險	失能等級明確	僅保障重大疾病或特定傷病

資料來源：本著作自行整理

第五節 年金險

一、年金險商品類型

當上述保險商品在因應個人需求投保後，可另在經濟條件許可下，考慮加保「年金險」以獲得未來穩定的現金流。目前市面上常見的年金險商品類型（如表 5-5-1）。

表 5-5-1 年金險商品類型比較表

商品類型	傳統型年金	利變型年金	變額型年金 （投資型年金）
繳費方式	躉繳/分期繳	躉繳/分期繳/彈性繳	躉繳/分期繳
給付方式	即期/遞延	遞延為主	遞延為主
特色	固定利率	保額隨保險公司**宣告利率**變動	保額隨**投資績效**變動
給付金額	固定	變動	變動
投資風險	低	低/中	高
風險承擔	保險公司	保險公司	保戶
適合族群	保守型	穩健型	積極型

資料來源：本著作自行整理

二、年金險最常見兩類型

(一) 遞延年金：讓有退休理財規劃的人，在經濟條件許可下，可從早開始就分期投入。

(二) 即期年金：則適合目前經濟條件良好或屆退族群，可直接投入一筆資金（躉繳），隔年就可以開始領取年金。

三、購買「年金險」的兩個原因

(一) 社會保險年金改革，未來應會繳較多，領較少。

(二) 平均餘命延長，未來生活費相對增加。

第六節 高齡者壽險商品

依中華民國人壽保險商業同業公會（下稱壽險公會）（2023）因應高齡化社會之保險商品專區有：

一、年金險：遞延年金與即期年金險。

二、健康險：長照險與終身醫療險。

三、小額終老保險。

（一）終身壽險：提供身故及失能保障（上限新臺幣 90 萬元）。

（二）一年期傷害險：提供身故及失能保障（上限新臺幣 10 萬元）。

依壽險公會力推高齡者壽險三大商品統計有效契約件數，民國 111 年，年金險有 210.3 萬件、長照險 96.3 萬件及小額終老險 88.8 萬件（如表 5-6-1）。

表 5-6-1 高齡壽險商品契約件數

保險商品	契約件數（單位：仟件）					
	新契約			有效契約		
	109 年	110 年	111 年	109 年	110 年	111 年
年金險	235	406	212	1175	2033	2103
長照險	104	93	108	805	877	963
小額終老險	76	148	235	555	682	888

資料來源：壽險公會（2023）。本著作自行整理。

　　111 年總保費收入，年金險約有 2768.7 億元、長照險 247.7 億元及小額終老險 166.7 億元（如表 5-6-2）。

表 5-6-2 高齡壽險商品保費收入

保險商品	保費收入（單位：新台幣萬元）					
	初年度			總保費		
	109 年	110 年	111 年	109 年	110 年	111 年
年金險	28,629,290	50,487,288	26,480,877	30,011,722	51,833,854	27,687,159
長照險	285,765	250,174	288,335	2,180,258	2,283,274	2,477,102
小額終老險	152,369	356,577	551,250	842,144	1,155,023	1,666,917

資料來源：壽險公會（2023）。本著作自行整理。

第七節 財產保險

在檢視保險的十大價值時，其中「財有所承與產有所保」即是汽機車保險（下稱車險）與房貸債務風險等。

一、車險

「**車險**」是汽車所有人、管理人或使用人為轉移因所有、保管或使用汽車所帶來之責任、人身及財產風險，透過保險費之交付，將該風險轉由承保之保險公司負擔，若所承保之事故發生，即由保險公司負責賠償。

車險之種類（如表5-7-1）可分為：強制汽車責任保險（下稱**強制險**）與任意車險（下稱**任意險**）。

表 5-7-1　車險之種類

車 險 種 類		理 賠 對 象		
		第一人 (我方駕駛/車輛)	第二人 (我方乘客)	第三人 (我方車外人)
強制險			V	V
	強制險附加 駕駛人傷害險	V		

任意險	第三人責任險附加駕駛人傷害險	V		
	第三人責任險（體傷+財損）			V
	第三人責任險附加超額責任險			V
	第三人責任險附加乘客責任險		V	
	車　體　險	V		
	竊盜損失損	V		

資料來源：本著作自行整理。

二、房貸債務風險

（一）火災/地震保險

「保險法第70條：火災保險人，對於由火災所致保險標的物之毀損或滅失，除契約另有訂定外，負賠償之責。」住宅火險及基本地震險是所有權人在申請房貸時，債權人（銀行）都會要求投保，以確保債權；另所有權人也可確保不動產遭受毀損或滅失時，可獲得理賠補償，不致讓家庭重大財產減損或歸零。

（二）房貸壽險

被保險人（負責繳房貸者）若不幸失能或身故時，可以獲得保險公司理賠補償，以彌補家庭經濟收入損失與持續繳房貸的能力。

第六章 退休制度

第一節 社會保險之意義與特質

一、社會保險（下稱社保）之意義

　　陳雲中（2002）社保：「係由政府為推行社會政策，應用保險技術、原理及危險分散法則，採用強制方式，對於全體國民或多數國民遭受特定保險事故時，提供保險給付，以保障其最低收入安全，並增進其健康為目的之一種社會安全制度。」社保為預先對於各種社會風險有所準備，且由國家立法，舉凡國人在生、老、病、死、失能、失業或發生其他生活困難時，給予基本保障或補助。

二、社保之特質

（一）強制性：經國家以法律或命令指定之被保險人，得不問其同意與否，均應強制投保。

（二）輔助性：由國家及雇主補助其一部分保費為原則。

（三）適足性：可保障基本生活並達成所得重分配的理想。

（四）自給自足：通常會要求在整體保費收入與支出間平衡，即財務上
　　　能夠自給自足。

（五）給付內容依法規定。

第二節 社會保險之簡介

目前我國的社保體系依職業別分立，不同職業別的社保制度有不同的主管機關，以保障全體國民免於因年老、疾病、死亡、身心障礙或生育等健康因素，以及保障受僱者免於因職業災害或失業等事故，陷入個人及家庭的經濟危機，其體系涵蓋公教人員保險（下稱公保）、軍人保險（下稱軍保）、勞保、國民年金保險（下稱國保）、農民健康保險（下稱農保）及健保等。以下為有領取退休年金之社保制度簡介（如表 6-2-1）。

表 6-2-1 有領取退休年金之社保制度簡介

項次	制度	法令依據	主管機關
1	公保	公務人員退休法	銓敘部
2	軍保	陸海空軍軍士官服役條例 志願士兵服役條例	國防部
3	勞保	勞工保險條例	勞動部
4	國保	國民年金法	衛福部
5	農民津貼	老年農民福利津貼暫行條例	農業部

資料來源：本著作自行整理。

一、我國老年經濟安全制度概況

國發會（2023）：我國現行老年經濟安全保障制度，包括第零層

之社會救助制度（老年福利津貼）、第一層社保制度、第二層職業別
退休金制度及第三層個人商業保險或儲蓄等保障（如圖6-2-1）。

身分 保障層次	軍職人員	公教人員		勞工	農民	未就業國民
第三層個人保障	私人商業保險、個人儲蓄、家庭互助					
第二層職業退休金		軍公教人員退撫制度 (DB/年金)(66.6萬人)	國營事業退撫制度	私校教職員退撫儲金新制 (DC) (4.7萬人)	勞工退休金 (DC)(新/741.3萬人) (DB)(舊/66.6萬人)	農民退休儲金 (DC) (9.1萬人)	
第一層社會保險	軍人保險 (DB) (20.5萬人)	公教人員保險 (DB) (58.9萬人)		勞工保險 (DB/年金) (1,043萬人)	農民健康保險 (95.9萬人)	國民年金保險 (DB/年金) (281.1萬人)
第零層福利津貼	榮民就養給付(2.9萬人)、中低收入老人生活津貼(19.6萬人)、老年基本保證年金(42.1萬人)、原住民給付(4.4萬人)、老年農民福利津貼(54.7萬人)					

圖 6-2-1 我國多層次老年經濟安全保障制度架構

註：1.農保因無老年給付，故以第零層「老年農民福利津貼」替代。

　　2.2022年12月數據。

資料來源：國發會（2023）。*老年經濟安全*。

二、歷年社保被保險人人數

　　民國 102 年至 111 年各社保之被保險人數，除勞保 111 年有較爲明顯下降情形，農保與國保呈現逐年下降趨勢，公保則相對穩定。111 年被保險人數：勞保 1,043 萬人、國保 281.1 萬人、農保 95.9 萬人及公保 58.9 萬人（如圖 6-2-2）。

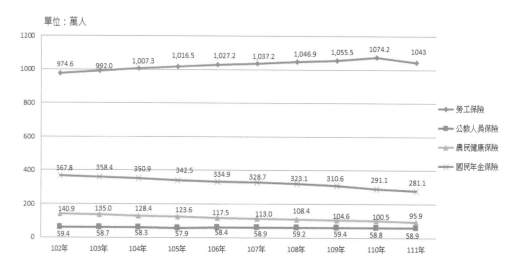

圖 6-2-2 歷年社保被保險人人數

資料來源：國發會（2023）。*老年經濟安全*。

三、歷年職業別退休金參加人數

　　民國 111 年各社保制度參加人數：勞退新制為 741.3 萬人，軍公教退撫制度為 66.6 萬人、私校教職員退撫儲金新制為 4.7 萬人及農民退休儲金則有 9.1 萬人（如圖 6-2-3）。

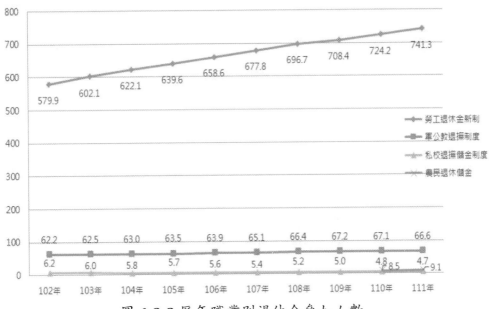

圖 6-2-3 歷年職業別退休金參加人數

註：單位（萬人）

資料來源：國發會（2023）。*老年經濟安全*。

第三節 勞工保險

一、民國 84 年後勞保發展沿革簡介（如表 6-3-1）

表 6-3-1 勞保發展沿革簡介

民國年份	勞 保 發 展 沿 革 簡 介
84 年	勞保各項給付，除普通事故保險之醫療給付業務移轉健保署辦理外，普通事故保險之生育（分娩費部分停止適用）、傷病、殘廢、老年、死亡及職業災害保險之各種給付，仍由勞保局繼續辦理。
87 年	政府為因應高齡化社會的來臨，保障高齡者就業的安全，開辦已領取勞保老年給付再受僱勞工，得自願參加職業災害保險業務，以保障高齡人口的就業安全。
88 年	開辦勞保失業給付業務。
92 年	就業保險法實施後，將失業給付由勞保體制脫離，與職業訓練及就業服務體系結合，並仍委任勞保局辦理。
98 年	施行勞保年金。原來的勞保現金給付包括：生育、傷病、殘廢、老年及死亡等給付。勞保年金施行後，失能、老年及死亡三種給付增加可以每個月領年金的方式，也就是「老年、失能和遺屬年金」三種給付。

資料來源：本著作自行整理。

二、勞保說明

　　勞保老年給付（下稱勞保）是依據「勞保條例」所提供的一項保險給付，勞工每個月繳交保險費給勞保局，當被保險人符合老年給付條件時，勞保局依其申請時之保險年資及平均月投保薪資核算。自民國98

年1月1日起施行,勞保老年給付有三種申請項目:

(一) 老年年金給付(下稱勞保):平均月投保薪資計算方式是依加保期間最高 60 個月之月投保薪資平均計算。

(二) 老年一次金給付:平均月投保薪資計算方式同上(一)。

(三) 一次請領老年給付:是依退保之當月起前 3 年之月投保薪資平均計算。97 年 12 月 31 日之前有勞保年資者,才能選擇「一次請領老年給付」;98 年 1 月 1 日勞保施行後初次參加勞保者,不得選擇一次請領老年給付。

　　只要是符合請領資格的人皆可領取,不會因為勞工換工作而有所影響。

三、勞保的請領資格

　　勞保局(2022):被保險人合於下列規定之一者,得請領勞保。

(一) 年滿 60 歲,保險年資合計滿 15 年,並辦理離職退保者。

1.上開請領年齡自 98 年至 106 年為 60 歲,107 年提高為 61 歲,109 年提高為 62 歲,111 年提高為 63 歲,113 年提高為 64 歲,115 年以後為 65 歲。

2.展延勞保:保險年資滿 15 年,符合勞保法定請領年齡而延後請領者,於請領時應發給展延勞保。

3.減給勞保:保險年資滿 15 年,未符合勞保法定請領年齡者,得提前 5 年請領勞保。

4.勞保法定請領年齡與出生年次對照(如表 6-3-2)。

表 6-3-2 勞保法定請領年齡與出生年次對照表

出生年次		46 年（含）以前	47	48	49	50	51	52 年（含）以後
法定請領年齡（註 1）	年齡	60	61	62	63	64	65	65
	民國	98-106	108	110	112	114	116	依出生年次計算滿 65 歲之年度
請領減給年齡	年齡	55-59	56-60	57-61	58-62	59-63	60-64	60-64
	民國	98-105	103-107	105-109	107-111	109-113	111-115	依出生年次計算滿 60-64 歲之年度（註 2）

註 1：勞保之法定請領年齡自 98 年 1 月 1 日施行日起爲 60 歲，第 10 年提高 1 歲，其後每 2 年提高 1 歲，提高到 65 歲爲上限。

註 2：52 年次出生請領減給年齡對應之民國年爲 112-116 年；53 年次出生請領減給年齡對應之民國年爲 113-117 年，依此類推。

資料來源：勞保局（2022）*老年年金給付的請領資格*。本著作自行整理。

（二）擔任具有危險、堅強體力等特殊性質之工作合計滿 15 年，
　　　年滿 55 歲，並辦理離職退保者，不適用勞保條例第 58 條第
　　　5 項（請領年齡逐步提高）及第 58 條之 2（展延及減給）規
　　　定。

　　　勞委會民國 97 年 12 月 25 日勞保 2 字第 0970140623 號令：「具
有危險、堅強體力等特殊性質之工作」，指從事符合異常氣壓危害
預防標準規定之下列工作，並自 98 年 1 月 1 日生效：
1.高壓室內作業。

2.潛水作業。

(三) 勞保年資未滿 15 年，但併計國保之年資滿 15 年，於年滿 65
　　歲時，得選擇請領勞保。

1.被保險人請領勞保，於離職退保之翌日始具備請領資格。如離職
　退保日為該月最後一日者，應自次月起，按月發給。

2.領取勞保之後死亡，如果有未及撥入死者帳戶的老年年金，得由
　其法定繼承人請領。如果死者有老年給付差額，得由符合規定的
　受益人，另外再選擇請領差額。

四、勞保局 e 化服務系統

　　登入「勞保局 e 化服務系統」可**查詢**自己的勞保紀錄並**試算**勞保老
年給付金額（如圖 6-3-1 及圖 6-3-2）。

請選擇登入方式

自然人憑證　　虛擬勞保憑證　　**健保卡號＋戶號**　　行動電話認證

① 以健保卡號＋戶號登入，提供查詢功能(含確診COVID-19申辦)，若需進行申辦作業，請以其他方式登入。

請輸入以下欄位

＊身分證號　　請輸入身分證號

＊健保卡號　　請輸入健保卡號

＊姓名　　請輸入姓名

＊出生日期　　民國60年1月1日，請輸入0600101

圖 6-3-1 登入勞保局 e 化服務系統
資料來源：勞保局e化服務系統。

勞工保險老年給付金額試算

請輸入退職（保）日期及預計申請年月

*退職（保）日期　　　民國102年7月1日，請輸入1020701

*預計申請年月　　　　民國110年7月，請輸入11007

清空輸入區　　試算

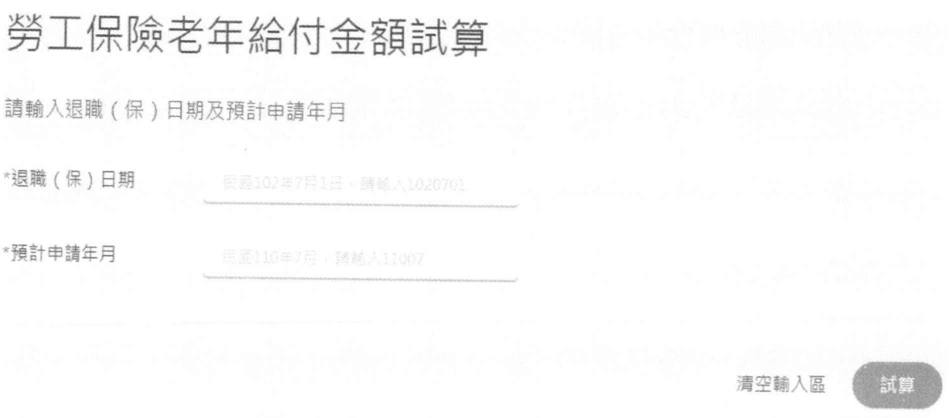

圖 6-3-2 勞保老年給付金額試算
資料來源：勞保局e化服務系統。

舉例：大明投保<u>年資42年</u>，預計<u>65歲</u>請領勞保給付。

（一）一次請領老年給付

平均月投保薪資 <u>45,800 元</u>（以退保（職）當月起最後 36 個月之月投保薪資計算），給付月數 50 個月（最上限）。

公式：年資每滿 1 年，發給 1 個月；年資第 16 年起，每滿 1 年發給 2 個月，最高以 45 個月為限。逾 60 歲繼續工作，最多以 5 年計，合併 60 歲以前之一次請領老年給付，<u>最高以 50 個月為限</u>。

給付金額＝45,800 元 x50 個月＝ <u>2,290,000 元</u>

（二）月領年金給付

平均月投保薪資<u>45,800元</u>（投保期間最高60個月之月投保薪資計算）。

1 公式：平均月投保薪資 x 年資 x 0.775%+3000 元

45,800 元 x 42 年 x 0.775% + 3,000 元＝17,908 元

2 公式：平均月投保薪資 x 年資 x 1.55%

45,800 元 x 42 年 x 1.55% ＝29,816 元

依試算結果應選 2公式較高者申請年金給付。

（三）選擇勞保給付（一）及（二）方案之參考

若選擇（二）方案：月領年金29,816元 x 領取77個月（約相當於6.42年）＝2,295,832元就會大於2,290,000元[（一）方案：一次請領老年給付金額]。

五、勞保年金改革

由於勞保年金給付為「活到老，領到老」且因高齡化領取人數逐年遞增，再加上少子化等因素，繳交保費的人遞減；依勞保局統計 2022 年勞保普通事故保費收入 4428 億餘元，支出 4814 億餘元，逆差 386 億餘元，已是連續第 6 年入不敷出，所以近年來政府只好透過撥補的方式，先穩定勞保基金水位，但長遠之計還是須年金改革。

2023 年 3 月勞動部表示勞保年改目前還在討論與溝通中，因涉及一千多萬勞工，60 多萬個投保單位，所以凝聚共識有難度，但政府仍會持續向工會與勞工等說明，讓其了解政府會負起最終給付與保證責任。勞保年金改革方向有：

（一）繳多領少。

（二）選擇月領年金須可維持基本生活金額（又稱**樓地板**），以保障經濟弱勢族群。

（三）開闢財源：調整奢侈品消費稅、課徵超過第二戶非自用住宅的住宅持有稅、能源稅或營業稅等。

（四）依投保薪資，更細緻地分出不同負擔比率層級。

（五）依法調升勞保費率。

第四節 勞工退休金

一、勞工退休金（下稱勞退）簡介

　　勞退分為**新制**與**舊制**。**舊制**依據「勞動基準法（下稱勞基法）」辦理，由雇主依每月薪資總額2%~15%按月提撥到勞退準備金專戶中。此帳戶專款專用，所有權屬於雇主，並由臺灣銀行（信託部）辦理該基金收支、保管及運用。當勞工符合退休條件向雇主請領退休金時，雇主可由勞退準備金專戶中支付。由於國內多屬中小企業型態，加上勞工較常換工作，所以許多勞工難以符合退休條件，經常會領不到退休金。為改善舊制，**新制**於民國94年7月1日施行，規定雇主應為適用勞基法之本國籍勞工按月提繳不低於勞工每月工資6%之退休金，儲存於勞保局設立之勞退個人專戶。勞工若適用新制，則會有一個退休金個人專戶，雇主每個月幫勞工所提繳的退休金將存入這個專戶中，此專戶所有權屬於勞工，當勞工年滿60歲時，即可向勞保局請領其個人專戶累積本金及收益。「勞保與勞退」制度各自獨立，勞工可分別領取（如表6-4-1）。

表 6-4-1 勞保與勞退之比較

項目	勞工保險（簡稱 **勞保**）	勞工退休金（簡稱 **勞退**）	
		舊　　制	新　　制
實施日期	民國 98 年起	94 年 7 月 1 日前	94 年 7 月 1 日起
法源依據	勞工保險條例	勞動基準法	勞工退休金條例

制度	確定給付	確定提撥/給付	確定提撥
給付單位	勞保局	雇主	勞保局
年資計算	可不同事業單位	須同一事業單位	可不同事業單位
請領條件	1.**年滿60歲且年資滿15年**→月領年金；**未滿15年**→領一次金。 2.107年請領年齡提高至61歲，其後每2年提高1歲，115年以後至65歲為上限。	1.年資滿25年。 2.年滿55歲，年資滿15年。 3.年滿60歲，年資滿10年。	**年滿60歲**，無論是否退休皆可領，屬**可攜式累積退休金**。雇主提繳不低於每月工資6%，員工自提不高於6%。
給付標準	1.年資滿15年，二擇一領年金： （1）平均月投保薪資 x 年資 x0.775%+3000元 （2）平均月投保薪資 x 年資 x1.55%。 （平均月投保薪資依加保期間最高60個月之月投保薪資平均計算） 2.未滿15年→領一次金。年資每滿1年→給付1個月。	1.前15年每1年給2個基數，第16年起每1年給1個基數，最高45個基數為限（基數按退休前6個月平均實際薪資計算）。 2.退休金＝平均工資 x 累積基數。	1.依提撥退休金**個人專戶**所累積的本金及收益（**有最低保證收益**）。 2.請領前（未滿60歲）死亡或月領退休金之後，未屆平均餘命前死亡，遺屬可領取個人專戶結算退休金。
給付方式	1.**一次請領老年給付**：97年12月31日之前有勞保年資者，才能選擇。年資每滿1年，發給1個月；年資第16年起，每滿1年發給2個月，最高以45個月為限。逾60歲繼續工作，最多以5年計，合併60歲以前之一次請領老年給付，最高以50個月為限。（「平均月投保薪資」按退保之當月起前36個月之月投保薪資平均計算）。 2.**月領年金，可領終身（無上限）**。平均月投保薪資依加保期	1.**一次領取退休金**（依年資給付，最高可領45個基數（即工作30年）。	1.未滿15年，應領**一次退休金**。 2.**月領退休金**，依年金生命表，以**平均餘命**與利率等因素計算。 3.年資滿15年，可領**月或一次退休金**。

間最高 60 個月之月投保薪資平均計算。月領年金每提前/延後 1 年領年金，會減/加 4%，最多 20%（即最多 5 年）。 **3.老年一次金給付**：年資每滿 1 年，按其平均月投保薪資發給 1 個月。逾 60 歲以後之年資，最多以 5 年計。		

資料來源：本著作自行整理。

　　自103年1月17日及107年2月8日起，適用勞基法之外籍/陸港澳配偶及永久居留之外國專業人才已分別納入勞退新制適用對象，又108年5月17日起亦將永久居留之外籍人士納入勞退新制適用對象。

二、勞退新制自願提繳（下稱自提）

　　自提薪資的 1%～6%至退休金個人專戶，提繳的幅度可以自行選擇，等於勞工每個月最多可存薪資的 12%（雇主 6%+自提 6%）進入退休金專戶。「自提」的好處有三：

（一）儲蓄：增加退休金個人專戶累積金額。

（二）節稅：自提金額不計入提繳年度薪資所得課稅。

（三）保證收益：享有不低於以當地銀行 2 年定存利率計算之累積收益保障。

三、自提適合的對象

（一）較無投資經驗，也沒開始準備退休理財的人：

勞退新制採個人專戶，沒有倒閉破產的危機且投資收益不可低於 2 年期定存利率。

（二）超過綜所稅起徵點的人

自提薪資可從當年度的所得中扣除，若個人收入所得正剛好超過綜所稅級距起徵點，可選擇自提以下降級距，有機會適用較低稅率，來減少稅賦。

（三）收入與稅率高的人

民國112年「勞退月提繳工資分級表」最高月提繳工資為15萬元，每月自提 6%薪資（9,000 元），則 1 年就提撥 10.8 萬元，若稅率以較高40%計算，等於省下 4.32 萬元的稅金。

個人在了解何謂自提與其可節省稅賦後，必須考量當下的經濟狀況能否負擔，以及未來是否需要更多的退休保障，再來決定是否申請自提。

四、如何累積月領退休金給付

舉例：大明目前 30 歲男性，薪資 45,800 元，25 歲開始工作，預計 65 歲退休。

（一）多累積**勞保**年資：40 年 VS 30 年。

平均月投保薪資 x 年資 x 1.55%

1. 45,800 元　x　<u>40 年</u> x 1.55% ＝ 28,396 元

2. 45,800 元　x　<u>30 年</u> x 1.55% ＝ 21,297 元

多累積勞保年資 <u>10 年</u>＝40 年－30 年，

月領年金給付多 <u>7,099 元</u>＝28,396 元－21,297 元。

（二）可**勞退**自提比率之月領退休金比較（如表 6-4-2）。

表 6-4-2 勞退自提比率之月領退休金比較

	自 提 比 率		
	0%	3%	6%
目 前 薪 資（元）	45,800	45,800	45,800
預估薪資成長率	1.5%		
月領退休金（元）	10,889	16,333	21,778

資料來源：好命退休聰明理財平台（2023）；本著作自行整理。

勞退自提 6%比無自提者（0%），月領退休金給付多 **10,889** 元（＝21,778 元－10,889 元）。

（三）累積月領退休金給付方案比較（如表6-4-3）。

表 6-4-3 累積月領退休金給付方案比較

（一）勞保年資 40 年 月領年金給付（元）	28,396	28,396	28,396
（二）勞退自提	（0%）	（3%）	（6%）
月領退休金（元）	10,889	16,333	21,778
（一）＋（二）＝（元）	39,285	44,729	50,174

資料來源：好命退休聰明理財平台（2023）；本著作自行整理。

綜合上述：若大明有申請**勞退自提 1%至 6%**，則月領退休金（勞保+勞退）可超過 4 萬元。

五、職業災害保險（下稱職保）

　　即將進入超高齡社會，平均壽命延長，有些退休族領了勞保與勞退兩筆退休金後，再度投入職場，儘管無法參加勞保與就業保險（下稱就保），二度就業仍可參加職保，因工作受傷有四大給付可請領，包括醫療、傷病、失能與死亡等四大給付。

　　已領取勞保之勞工或超過65歲且已領其他社保養老給付者，再受僱從事工作時，依規定不得參加勞保及就保，不過只要僱用單位適用勞基法，雇主須在勞工到職日為其提繳不低於每月工資6%的勞工退休金至離職日止（依**勞退條例**第24-1條，2019）。

　　職保於2022年5月1日正式實施，企業無論雇用多少員工都必須強制納保，擴大保障範圍，取消僱用人數及年齡上限的限制，即使未滿5人公司工作不須強制勞保，也必須投保職保。

第五節 國民年金保險

一、國保之簡介

勞保局（2022）：國保是民國 97 年 10 月 1 日開辦的社保制度，主要納保對象是年滿 25 歲，未滿 65 歲，在國內設有戶籍，且沒有參加勞保、農保、公保或軍保等的國民。國保提供「老年、身心障礙與遺屬」三大年金給付保障及「生育與喪葬」二種一次性給付保障。被保險人只要按時繳納保險費，在生育、遭遇重度以上身心障礙或死亡事故，以及年滿 65 歲時，就可以依規定請領相關年金或一次性給付，以保障本人或其遺屬的基本經濟生活。

二、開辦國保的意義

即將進入「超高齡社會」並隨著社會變遷與家庭結構改變，家庭扶持老人之傳統功能漸趨式微，子女供養長者比例逐年下降，因此提供國民老年生活的經濟安全保障，已成為我國社會安全體系中重要之一環。111 年國保被保險人數有 281.1 萬人，有許多人是經濟弱勢的家庭主婦或無工作者。國保即是設計一個以全民為保障對象的保險制度，讓以往未被納入社保的國民，也能享有社保的好處。國保的開辦使我國的社會安全網得以全面性建構，補足了以往社保制度的缺口，讓台灣邁入「全民保險」的時代並落實政府「全民照顧」的理念。

三、國保請領老年年金給付規範

（一）請領資格

　　國保被保險人於年滿 65 歲時，不論國保年資有幾年，均得請領老年年金給付，自符合條件之當月起按月發給至死亡當月止。

（二）給付金額

1.請領老年年金給付，可依下列 A 或 B 公式計算後，擇優計給：

　　A 公式＝（月投保金額×保險年資×0.65%）＋ 加計金額

　　（加計金額：民國 109 年 1 月起為 3,772 元）

　　B 公式＝月投保金額×保險年資×1.3%

2.有下列情形之一者，不得選擇以上述 **A 公式**計給：

（1）有欠繳保險費不能計入保險年資的情形。

（2）領取社會福利津貼：指中低收入老人生活津貼、身心障礙者生活補助、老年農民福利津貼及榮民就養給付。

（3）在 97 年 12 月 31 日以前領取公保養老給付、軍保退伍給付的年資合計未達 15 年，或一次領取公保養老給付、軍保退伍給付的總額未達 50 萬元者，自年滿 65 歲當月起以 3,000 元按月累計達原領取公保養老給付及軍保退伍給付總額前。

（4）在 97 年 12 月 31 日以前領取公保養老給付、軍保退伍給付的年資合計超過 15 年，且一次領取公保養老給付、軍保退伍給付的總額超過 50 萬元者。

（5）在 98 年 1 月 1 日勞保實施以後至 112 年 9 月 30 日止，領取公保養老給付、軍保退伍給付、勞保老年給付的年資合計未達 15 年或一次領取之公保養老給付、軍保退伍給付、勞保老年

給付的總額未達 50 萬元者，自年滿 65 歲當月起以 3,000 元按月累計達原領取公保養老給付及軍保退伍給付總額前。

(6) 在 98 年 1 月 1 日勞保實施以後至 112 年 9 月 30 日止，領取公保養老給付、軍保退伍給付、勞保老年給付的年資合計超過 15 年，且一次領取公保養老給付、軍保退伍給付、勞保老年給付的總額超過 50 萬元者。

(7) 領取勞保老年或公保養老年金給付。

(8) 在 112 年 10 月 1 日以後領了公保養老給付、軍保退伍給付或勞保老年給付。

(9) 在 64 歲至 65 歲期間，保險費或利息有欠繳情形，經勞保局以書面限期繳納，被保險人逾期始為繳納者，前 3 個月老年年金給付，以 B 公式發給。

(三) 國保月投保金額自112年1月1日起，調整為19,761元。

(四) 被保險人符合身心障礙年金給付/保證年金、老年年金給付/基本保證年金及遺屬年金給付條件時，僅得擇一請領。

(五) 試算 (可登入：勞保局/業務專區/國民年金……)

1.舉例：大明勞保平均月投保薪資45,800元，<u>年資25年</u>，年滿50歲後離職，另國保月投保金額為19,761元，<u>年資15年</u>，兩者合併年資40年，有以下兩個方案可擇一。

(1)

年滿65歲可同時月領下列

(A.勞保年金+B.國保年金＝17,748元+3,853元＝<u>21,601元</u>)

A.勞保年金＝<u>17,748元</u>

(a) 公式：平均月投保薪資 x 年資 x 0.775%+3,000元

45,800 元 x 25 年 x 0.775%+3,000 元＝11,874 元

（b）公式：平均月投保薪資 x 年資 x 1.55%

　　　　　45,800 元 x 25 年 x 1.55% ＝17,748 元

依試算結果應選（b）公式較高者申請年金給付。

B.國保年金＝3,853元

因勞保請領年金，故國保年金只能選擇

（B）公式：月投保金額 × 國保年資 × 1.3%

　　　　　19,761元 ×15年× 1.3% ＝ 3,853元

（2）

　　年滿50歲可先請領下列A.

（A.勞保一次請領老年給付1,145,000元＝45,800元 x 25個月），65歲後可另月領 B.國保年金3,853元[公式如上（B）公式]。

（因勞保一次請領老年給付，故國保年金只能選擇同上（B）公式）

2.舉例：大明於41年10月1日出生，具有國保年資2年，且在5年請求權時效內向勞保局提出申請，自其年滿65歲的當月（即106年10月）起，每月可領取的金額按照以下二種方式擇優計給：

A 公式＝（月投保金額×保險年資×0.65%）+加計金額

106 年 10 月起，每月領取＝（18,282×2×0.65%）+3,628＝3,866 元

109 年 1 月起，每月領取＝（18,282×2×0.65%）+3,772＝4,010 元

112 年 1 月起，每月領取＝（19,761x2x0.65%）+3,772=4,029 元

B 公式＝月投保金額×保險年資×1.3%

106 年 10 月起，每月領取=18,282×2×1.3%=475 元

112 年 1 月起，每月領取=19,761x2x1.3%=514 元

　　承上計算應選 A 公式所得之金額來領取。

第六節 農民津貼與退休儲金

一、老農津貼

　　因勞保與公保等均享有老年給付之保障，而農民參加農保沒有老年給付項目，為照顧農民晚年生活，政府自民國84年6月起開始發放老農津貼，但已領社保老年給付或其他政府發放之生活補助或津貼者不得重複申領老農津貼。100年12月21日修法新增排富之規定，自102年1月1日起新申請領取老農津貼的人才開始適用。

二、老農津貼請領資格

（一）農民

1.年滿65歲國民，在國內設有戶籍，且於最近3年內每年居住超過183天。

2.申領時參加農保且年資合計15年以上者，可領取全額津貼新台幣（下同）7,550元；103年7月17日（含當日）以前已參加農保，且持續加保，於申領時加保年資合計6個月以上未滿15年者，可領取半額津貼3,775元。

3.領取老農津貼之同一期間未領取政府發放之生活補助或津貼。

4.未領取社保老年給付或已領取社保老年給付者，於87年11月12日前已參加農保，且加保資格未中斷。

5. 自 102 年 1 月 1 日起，始申請領取老農津貼者，財稅機關提供農委會公告年度之農業所得以外之個人綜所稅各類所得總額合計未達 50 萬元。

6. 自 102 年 1 月 1 日起，始申請領取老農津貼者，個人所有之土地及房屋價值合計未達 500 萬元。但有下列情形之一者，應扣除之：

（1）農業用地。

（2）經依法編定為公共設施保留地，且因政府財務或其他不可歸責於老年農民之因素而尚未徵收及補償。

（3）農舍。

（4）無農舍者，其個人所有之唯一房屋且實際居住者，該房屋評定標準價格及其公告土地現值合計未超過 400 萬元者；超過者，以扣除 400 萬元為限。

（5）未產生經濟效益之原住民保留地。

（6）經直轄市、縣（市）主管機關認定未產生經濟效益具公用地役關係之現有道路。

（二）漁民

1. 同農民 1.。

2. 申領時已領取勞保老年給付之漁會甲類會員，於 87 年 11 月 12 日以前加入勞保之漁會甲類會員，且勞保及漁會甲類會員資格未曾中斷，但下列兩情況者例外：

（1）88 年 9 月 4 日以前，漁會甲類會員因請領勞保老年給付出會者，視為仍符合漁會甲類會員資格，得申領老農津貼。

（2）109 年 2 月 17 日起，如於 87 年 11 月 12 日以前入會之漁會甲類會員，住址遷離原漁會組織區域後，而於 87 年 11 月 12 日

以前遷回原漁會組織區域，且持續從事漁業勞動，並按年繳交常年會費者，因戶籍遷離原漁會組織區域致喪失會員資格，經退出勞保再辦理加保，且於 87 年 11 月 13 日後未再遷出原漁會組織區域者，仍得申領老農津貼。

3.同農民 3.。

4.同農民 5.。

5.同農民 6.。

三、老農津貼核付標準

符合請領資格之農漁民自申請當月起按月發給，109 年 1 月起全額為 7,550 元，半額為 3,775 元，發放至本人死亡當月止。

四、農民退休儲金（下稱農退）簡介

農退是參考勞退，鼓勵農民儲蓄，由農民與政府共同提繳退休儲金，並於勞保局設立「農退個人專戶」，所提繳本金及累積收益總金額於年滿 65 歲時，可按月領回，保障農民退休生活。未滿 65 歲實際從事農業工作的農保被保險人，而且尚未領取社保老年給付者，得依其意願申請提繳。自民國 111 年 1 月 25 日起，放寬已領取軍保退伍給付但未具領取軍人退休俸資格，並依農保條例第 5 條之 1 規定參加農保之退伍青年，可提繳農退，不受未領取社保老年給付之限制。

農民提繳農退後，應持續為農保被保險人，農保一旦退保，即不符合提繳資格。如係經追溯退保農保，勞保局將結清專戶中非具

農保資格時已提繳之金額，退還農民和扣還主管機關共同提繳金額。

五、農退提繳金額計算

農民按月提繳之款項，依勞動部公告之勞工每月基本工資 x 提繳比率計算。提繳比率由農民於 10% 範圍內決定，並以整數為限，例如：大明於 112 年 1 月 1 日提繳，提繳比率為 10%，當時公告之勞工每月基本工資為 26,400 元，則大明提繳金額為 26,400 × 10% = 2,640 元，主管機關將提繳相同金額，存入農退個人專戶中。

六、農退請領條件

有提繳農退者於年滿 65 歲時得請領。年齡以戶籍之記載為準，自出生之日起實足計算（例：45 年 1 月 1 日出生者至 110 年 1 月 1 日年滿 65 歲）。

七、農退請領標準

（一）農退領取金額為退休儲金專戶本金及累積收益，依據年金生命表，以平均餘命及利率等基礎計算所得之金額，按月定期發給。

（二）農退運用收益，不得低於以當地銀行 2 年定期存款利率計算之收益。

（三）年金生命表、平均餘命、利率及試算金額可登入：勞保局/
業務專區/農退……。

八、老農津貼與農退金額合計試算

舉例：老農津貼每月以7,550元計算（每年平均調升1%），另農
退依勞工每月基本工資為26,400元（每年平均調升2%），提繳比率
以最高10%計算，則提繳金額為2,640元（＝26,400×10%），主管機
關將提繳相同金額2,640元，基金收益3%，平均餘命20年，則老農
津貼與農退金額合計試算比較（如表6-6-1）。

表 6-6-1 老農津貼與農退金額合計試算比較

參加年齡（歲）	40	35	30
提繳年資（年）	25	30	35
（一）老農津貼（元）	9,682	10,176	10,695
（二）農退月領（元）	14,484	20,243	27,633
（一）＋（二）＝（元）	24,166	30,419	38,328

資料來源：勞保局農退試算；理財鴿；本著作自行整理。

綜合上述：提繳年資越長，則相對領回金額越多，但此金額月領
至平均餘命。

第七節 軍人保險與退休金

一、軍人保險（下稱軍保）

　　臺灣銀行自民國 39 年 6 月起接受國防部委託代辦軍保，並於 97 年 1 月由臺灣金融控股公司之子公司－臺銀人壽保險股份有限公司，繼續代辦軍保。理賠項目主要針對死亡、殘廢、退伍及育嬰留職停薪津貼及眷屬喪葬津貼等五項，給付皆是以軍保基數來計算，其中「退伍給付」為軍人退休的第一層保障。

二、退伍給付基數計算如下（軍保條例，2022）

（一）保險滿 5 年者，給付 5 個基數。

（二）保險超過 5 年者，自第 6 年起至第 10 年，每超過 1 年，增給 1 個基數。

（三）保險超過 10 年者，自第 11 年起至第 15 年，每超過 1 年，增給 2 個基數。

（四）保險超過 15 年者，自第 16 年起，每超過 1 年，增給 3 個基數。

（五）保險滿 20 年者，每超過 1 年增給 1 個基數，最高以 45 個基數為限。

三、軍人退休金（下稱軍退）（好命退休聰明理財平台；國防部，2023）

國防部參酌美、日、韓等國家制度，以「促進招募、穩定現役、安撫退員」為目的，並以鞏固國家安全國防需求，有利推動募兵制，照顧退伍袍澤退後生活等政策目標，於民國106年11月14日公佈「2017年軍人退撫新制（草案）重點」，並於107年7月1日正式實行。

四、退休俸種類（陸海空軍軍官士官服役條例，2022）

（一）一次請領退伍金

1.服役滿3年就可一次請領退伍金。

2.公式：本俸的2倍x新制服役年資基數。

3.基數的算法：每服現役1年，給與1.5個基數。

4.舉例：本俸為新台幣50,000元，服役10年退伍，則

退伍金＝50,000元 x 2倍x 10年 x 1.5個基數=150萬元。

（二）月退俸

1.請領資格：服現役20年以上或服現役15年以上年滿60歲者，依服現役年資，**按月給與退休俸終身**或依志願給與退伍金。

2.現役月退俸 ＝ 基數 x 俸率。

（1）基數：最後五分之一年資之本俸平均數 x 2。

（2）俸率：

A.起支俸率：服役滿20年給與起支俸率55%。

B.年增俸率：每多服役1年，俸率就增加2%。

3.已退役月退俸，新制實施前已具退役資格：最後在職本俸2倍。

4.舉例：

　　大明最後五分之一年資之本俸平均數為55,000元，服役22年退伍。

（1）基數= 55,000元×2=110,000元

（2）俸率= 55%+（2×2%）=59%

（3）月退俸 = 110,000 × 59% = 64,900元。

5.退休俸都有俸率上限（天花板）的限制，上限為最後在職本俸x 2 x俸率，俸率會隨著服役年限的不同而有差異，分別是20年55%，其後每增加1年增給2%，故25年65%，30年75%，35年85%。軍官最高俸率上限90%，士官最高俸率上限95%。

（三）優惠存款利息（下稱優存利息）

　　一次請領退伍金或領月退俸，都有18%優存利息。

1.一次請領退伍金：新制實施首年降為12%，後每2年調降2%，直到6%。

2.領月退俸：優存利息有落日條款，本金存進去後，只能存10年的優存利息，而且利率逐年遞減，10年後臺灣銀行就會退還本金就不可再存。

（四）最低保障金額（樓地板）

1.現役人員依實際服役「年資」核算月退俸，無最低保障金額。

2.已退伍人員退除所得最低保障金額：少尉一級本俸及專業加給合計數額（現行為38,990元）。

第八節 公務人員保險與退休金

一、公務人員保險（下稱公保）

　　政府為安定公務人員生活，於民國47年9月創辦公保，其目的在於保障公務人員生活，增進其福利，以提高工作效率，並以銓敘部為主管機關，其於96年6月以前係以中央信託局為承保機關，96年7月1日中央信託局與臺灣銀行合併後，則以臺灣銀行為承保機關，繼續辦理公保業務。

　　公保主管機關銓敘部鑑於公保與私立學校教職員保險之主管機關、承保機關暨保險權利義務、給付項目、給付方式、給付條件均相同，基於精簡保險法規與整合保險制度暨契合保險原理與追求經濟效益之考量，88年5月31日將公務人員保險法和私立學校教職員保險條例合併修正為「公教人員保險法」（2023）。

二、老年給付請領方式及給與標準：公務人員退休資遣撫卹法 　　（下稱公退資撫法，2023）

　　養老給付按被保險人發生保險事故當月起，前10年投保年資之實際保險俸（薪）額（下稱**前10年本俸額**）平均計算，但加保未滿10年者，按其實際投保年資之保險俸（薪）額平均計算。

（一）一次退休金

1.年資每滿1年，給付1.2個月，最高以給付42個月為限；辦理優惠存款

者，最高以36個月為限。

2.一次退休金公式＝

前10年本俸額平均值 x 年資 x 1.2（最高以給付42個月為限）。

3.被保險人依法退休（職）、資遣或繳付公保保費滿15年且年滿55歲以上而離職退保時。

（二）月退休金

1.年資每滿1年，在給付率0.75%（下稱基本年金率）至1.3%（下稱上限年金率）之間核給。最高採計35年，其總給付率最高為45.5%。112年7月1日以後初次參加公保，最高採計40年，其總給付率最高為52%。

2.月退休金公式＝前10年本俸額平均值 x 年資 x 1.3%

3.請領年齡之條件：

（1）年資滿 15 年且年滿 65 歲。

（2）年資滿 20 年且年滿 60 歲。

（3）年資滿 30 年且年滿 55 歲。

三、公務人員退休金（下稱公退）

因應人口老化與健全年金財務，年金改革將逐步延長公務人員的退休年齡，並且延後月退休金的起支時間。在民國120年以後，公務人員將自65歲起才可支領全額月退休金，而為了保障現職退休公務人員的權益，於107年起設置過渡期間與緩衝期的指標數。依「公退資撫法」公退種類及要件可分為三種：

（一）自願退休

1.一般職務：

（1）任職滿 5 年，年滿 60 歲。

（2）任職滿 25 年。

2.危險及勞力等特殊性質職務（下稱危勞職務）：依照職務有不同的退
　休年齡，但不得低於50歲。

（二）屆齡退休：任職滿 5 年且年滿 65 歲者。

（三）命令退休：任職滿 5 年且符合相關規定者。

四、公退種類（以**一般職務**為例）

（一）一次退休金

1.任職滿5年，年滿60歲。

2.任職滿25年。

（二）月退休金

　　因年金改革的影響，公退請領年齡與指標數將持續增加，如在107
年至119年之間，每年的公退將適用不同的月退起支年齡與指標數。

1.年資滿15年

（1）110 年以前：年滿 60 歲。

（2）111 年起：法定起支年齡調增為 61 歲，爾後每年加 1 歲，至 115
　　　年起一律為 65 歲。

（3）提前退休：年齡 60 歲者，可依當年法定起支年齡，適用展期或減
　　　額月退休金。

2.107年至109年

（1）年資滿 30 年，年滿 55 歲。

（2）年資滿 25 年，年滿 50 歲且年資與年齡之合計數，大於或等於當年
　　　指標數。

3.110年至114年

年資滿25年，年滿55歲且年資與年齡之合計數，大於或等於當年指標數。

4.115年至119年

年資滿25年，年滿60歲且年資與年齡之合計數，大於或等於當年指標數。

5.提前退休

年資滿25年者，可依當年法定起支年齡，適用展期或減額月退休金。法定起支年齡：110年以前60歲，111年61歲，逐年加1歲，至115年起爲65歲。

（三）兼領二分之一月退休金與一次退休金

以110年退休爲例（如圖6-8-1），年滿60歲且年資滿15年，或是指標數「85」才可以領取全額的月退休金。此指標數將持續增加至「94」爲止，至120年起將不再採計，即公務人員將統一於65歲起支全額月退休金。

月退休金的起支年齡並不一定和退休年齡相同，如在65歲前退休，但只要「年資+年齡」的總和不符合該年度的指標數，就無法請領月退休金，只能選擇「展期或減額月退休金」。

公務人員擇領月退休金之年資與年齡對照表

適用期間	法定起支年齡 (展期或減額計算基準)	指標數	指標數 需搭配之年齡
100.1.1~100.12.31	55 歲(30 年) 60 歲(15 年)	75	除符合指標數外 須年滿 50 歲
101.1.1~101.12.31		76	
102.1.1~102.12.31		77	
103.1.1~103.12.31		78	
104.1.1~104.12.31		79	
105.1.1~105.12.31		80	
106.1.1~106.12.31		81	
107.1.1~107.12.31		82	
108.1.1~108.12.31		83	
109.1.1~109.12.31		84	
110.1.1~110.12.31	60 歲(15 年)	85	除符合指標數外 須年滿 55 歲
111.1.1~111.12.31	61 歲(15 年)	86	
112.1.1~112.12.31	62 歲(15 年)	87	
113.1.1~113.12.31	63 歲(15 年)	88	
114.1.1~114.12.31	64 歲(15 年)	89	
115.1.1~115.12.31	65 歲(15 年)	90	除符合指標數外 須年滿 60 歲
116.1.1~116.12.31	65 歲(15 年)	91	
117.1.1~117.12.31	65 歲(15 年)	92	
118.1.1~118.12.31	65 歲(15 年)	93	
119.1.1~119.12.31	65 歲(15 年)	94	
120.1.1 起	65 歲(15 年)	指標數不再適用	

圖 6-8-1 公務人員擇領月退休金之年資與年齡對照表

資料來源：審計部臺北市審計處人事室高明賢（2018.6.21）。

五、公退計算公式

自107年起公退適用退撫新制，即計算方法逐年調整，優存利息將

逐年調降或是不再享有18%待遇。公退的計算基準從5年平均俸額（下稱均俸）逐年調整為15年均俸。例如111年公退計算基準：最後在職8年之均俸（如圖6-8-2），而118年起將採最後在職15年之均俸。

各年度計算退休金均俸一覽表

實施期間	退休金計算基準
107.7.1 至 108.12.31	最後在職 5 年之平均俸額
109.1.1 至 109.12.31	最後在職 6 年之平均俸額
110.1.1 至 110.12.31	最後在職 7 年之平均俸額
111.1.1 至 111.12.31	最後在職 8 年之平均俸額
112.1.1 至 112.12.31	最後在職 9 年之平均俸額
113.1.1 至 113.12.31	最後在職 10 年之平均俸額
114.1.1 至 114.12.31	最後在職 11 年之平均俸額
115.1.1 至 115.12.31	最後在職 12 年之平均俸額
116.1.1 至 116.12.31	最後在職 13 年之平均俸額
117.1.1 至 117.12.31	最後在職 14 年之平均俸額
118.1.1 起	最後在職 15 年之平均俸額

圖 6-8-2 各年度計算退休金均俸一覽表

資料來源：審計部臺北市審計處人事室高明賢（2018.6.21）。

（一）一次退休金＝均俸的 2 倍 x 基數數量

1.每 1 年算 1.5 個基數，最高 35 年，53 個基數。

2.第 36 年起，每 1 年算 1 個基數，最多至 60 個基數，等於 42 年。

（二）月退休金＝均俸的 2 倍 x 月退百分比

1.第 1 年至第 35 年，每年算 2%，最高 70%。

2.第 36 年起，每年算 1%，最多至 75%，等於 40 年。

六、公保與公退試算

　　公保可登入臺灣銀行之「公教人員網路保險e系統」查詢目前的保險狀態，另登入銓敘部之「公務人員退休金試算器」，試算公退金額。不過實際請領額度仍然要等到退休時由相關單位計算核發，退休金試算器僅能提供參考。

七、所得替代率

　　「所得替代率」係退休金與在職薪資的比率，當退休金高於所得替代率時，則退休金會以所得替代率之計算結果爲準。退休生效當年所對應之退休所得替代率會逐年降低，每年調降1.5%，舉例：107年任職年資30年的所得替代率爲67.5%，到118年會調降至52.5%（如圖6-8-3）。

退休生效當年所對應之退休所得替代率一覽表

	107.7.1 起至108.12.31	109.1.1 起至109.12.31	110.1.1 起至110.12.31	111.1.1 起至111.12.31	112.1.1 起至112.12.31	113.1.1 起至113.12.31	114.1.1 起至114.12.31	115.1.1 起至115.12.31	116.1.1 起至116.12.31	117.1.1 起至117.12.31	118.1.1 以後
40	77.50%	76.00%	74.50%	73.00%	71.50%	70.00%	68.50%	67.00%	65.50%	64.00%	62.50%
39	77.00%	75.50%	74.00%	72.50%	71.00%	69.50%	68.00%	66.50%	65.00%	63.50%	62.00%
38	76.50%	75.00%	73.50%	72.00%	70.50%	69.00%	67.50%	66.00%	64.50%	63.00%	61.50%
37	76.00%	74.50%	73.00%	71.50%	70.00%	68.50%	67.00%	65.50%	64.00%	62.50%	61.00%
36	75.50%	74.00%	72.50%	71.00%	69.50%	68.00%	66.50%	65.00%	63.50%	62.00%	60.50%
35	75.00%	73.50%	72.00%	70.50%	69.00%	67.50%	66.00%	64.50%	63.00%	61.50%	60.00%
34	73.50%	72.00%	70.50%	69.00%	67.50%	66.00%	64.50%	63.00%	61.50%	60.00%	58.50%
33	72.00%	70.50%	69.00%	67.50%	66.00%	64.50%	63.00%	61.50%	60.00%	58.50%	57.00%
32	70.50%	69.00%	67.50%	66.00%	64.50%	63.00%	61.50%	60.00%	58.50%	57.00%	55.50%
31	69.00%	67.50%	66.00%	64.50%	63.00%	61.50%	60.00%	58.50%	57.00%	55.50%	54.00%
30	67.50%	66.00%	64.50%	63.00%	61.50%	60.00%	58.50%	57.00%	55.50%	54.00%	52.50%
29	66.00%	64.50%	63.00%	61.50%	60.00%	58.50%	57.00%	55.50%	54.00%	52.50%	51.00%
28	64.50%	63.00%	61.50%	60.00%	58.50%	57.00%	55.50%	54.00%	52.50%	51.00%	49.50%
27	63.00%	61.50%	60.00%	58.50%	57.00%	55.50%	54.00%	52.50%	51.00%	49.50%	48.00%
26	61.50%	60.00%	58.50%	57.00%	55.50%	54.00%	52.50%	51.00%	49.50%	48.00%	46.50%
25	60.00%	58.50%	57.00%	55.50%	54.00%	52.50%	51.00%	49.50%	48.00%	46.50%	45.00%
24	58.50%	57.00%	55.50%	54.00%	52.50%	51.00%	49.50%	48.00%	46.50%	45.00%	43.50%
23	57.00%	55.50%	54.00%	52.50%	51.00%	49.50%	48.00%	46.50%	45.00%	43.50%	42.00%
22	55.50%	54.00%	52.50%	51.00%	49.50%	48.00%	46.50%	45.00%	43.50%	42.00%	40.50%
21	54.00%	52.50%	51.00%	49.50%	48.00%	46.50%	45.00%	43.50%	42.00%	40.50%	39.00%
20	52.50%	51.00%	49.50%	48.00%	46.50%	45.00%	43.50%	42.00%	40.50%	39.00%	37.50%
19	51.00%	49.50%	48.00%	46.50%	45.00%	43.50%	42.00%	40.50%	39.00%	37.50%	36.00%
18	49.50%	48.00%	46.50%	45.00%	43.50%	42.00%	40.50%	39.00%	37.50%	36.00%	34.50%
17	48.00%	46.50%	45.00%	43.50%	42.00%	40.50%	39.00%	37.50%	36.00%	34.50%	33.00%
16	46.50%	45.00%	43.50%	42.00%	40.50%	39.00%	37.50%	36.00%	34.50%	33.00%	31.50%
15	45.00%	43.50%	42.00%	40.50%	39.00%	37.50%	36.00%	34.50%	33.00%	31.50%	30.00%

任職年資

註：取退休所得替代率時，應依當事人退休生效年度（107.7.1 以前已退休人員重核者，以第 1 年為基準）及當年審定之退休年資，對照本表取得退休當年度之所得替代率；年資如有額外畸零月數時，再每個月加 0.125%（35 年以上，為每個月 0.04167%），以二者合計數為其當年度總退休所得替代率。爾後再自次年起，逐年遞減 1.5% 之退休所得替代率並重新核算月退休金，直至第 118 年為止。但審定年資未滿 15 年者，以 15 年計。

圖 6-8-3 退休生效當年所對應之退休所得替代率一覽表

資料來源：審計部臺北市審計處人事室高明賢（2018.6.21）。

八、初任公教人員新退撫制度方案

　　112 年 7 月 1 日初任公教人員新退撫制度方案，其適用對象以未來初任公教人員為限，不包含現職及已退休人員。退撫給與給付制度從「確定給付制」改為「確定提撥制」，將退休金的準備改為個人專戶，不再統一參加公務人員退休撫卹基金，開啟公退朝向自主管理的新紀元。新退撫制度有 4 項設計理念：多層次的年金保障、強制提撥輔以自願增提、建立自選投資平台、保障公務人員權益與照顧責任不變。

第九節 教育人員保險與退休金

一、教育人員保險（下稱教保）：同公保。

二、教育人員退休金（下稱教退）

　　教退新制自民國107年7月1日起實施，有關退休經費來源，新制施行前年資，由政府編列預算支付。新制施行後年資，由教職員與政府按月共同撥繳費用建立之退休撫卹基金支付，如退撫基金不足提撥，由政府負最後撥補責任。依「公立學校教職員退休資遣撫卹條例」（2023），教退的種類及要件可分為三種：
（一）自願退休：同公務人員。
（二）屆齡退休：同公務人員。
（三）命令退休：同公務人員。

三、教退種類（以**一般職務**為例）

（一）一次退休金：同公務人員。
（二）月退休金
1.年資滿 15 年，年滿 60 歲。
2.提前退休：高級中等以下學校校長及教師以外之其他教職員，年資滿 15 年且年齡 60 歲者，可依當年法定起支年齡，適用展期或減額月退休金。（註：法定起支年齡，高級中等以下學校校長及教師為 58

歲；其他教職員，114 年以前爲 58 歲，115 年起逐年加 1 歲，至 121 年起爲 65 歲）

3.高級中等以下學校校長及教師：年資滿 25 年，年齡滿 58 歲。

4.其餘教職員：年資滿25年，年齡滿58歲，但自115年起，須每年提高1歲，至121年起爲65歲。

5.107 年 7 月 1 日至 115 年底：年資滿 25 年，年齡滿 50 歲，且年資與年齡之合計數，大於或等於當年指標數。

6.116 年起至 121 年底：年資滿 25 年，年齡滿 55 歲，且年資與年齡之合計數，大於或等於當年指標數。

7.提前退休：年資滿25年者，可依當年法定起支年齡，適用展期或減額月退休金（法定起支年齡定義同上列）。

8.107 年指標數爲 76，過渡至 121 年指標數爲 90。121 年高級中等以下學校校長及退休教師月退休金起支年齡 58 歲，其餘教職員月退休金起支年齡 65 歲（115 年 1 月 1 日起爲 59 歲，逐年加 1 歲至 65 歲止，如圖 6-9-1）。

退休 年度	法定年齡		過渡期	
	高級中等以 下學校校長 及教師	其餘 教職員	指標數	基本 年齡
107年	58	58	76	
108年	58	58	77	
109年	58	58	78	
110年	58	58	79	
111年	58	58	80	50
112年	58	58	81	
113年	58	58	82	
114年	58	58	83	
115年	58	59	84	
116年	58	60	85	
117年	58	61	86	
118年	58	62	87	
119年	58	63	88	55
120年	58	64	89	
121年	58	65	90	
122年 以後	58	65	行政院年金改革辦公室	

圖 6-9-1 公立學校教職員月退休金起支年齡表

資料來源：行政院年金改革辦公室

四、教退計算公式：同公退。

五、教保與教退試算

　　可登入臺灣銀行之「公教人員網路保險e系統」查詢目前的保險狀態。另查詢個人薪資與退休相關資訊，可登入行政院人事處之「人事服務網」或參閱「公立學校教職員退休資遣撫卹條例」、教育部人事處之「年金改革相關規定」網站。

第十節 私立學校教職員保險與退休金

一、私立學校教職員保險（下稱**私校教保**）：同「公保」。

二、私立學校教職員退休金（下稱**私校退撫儲金**）

　　為能更完善而有效照護私校退撫權益與福利，立法院於民國98年6月三讀通過「學校法人及其所屬私立學校職員退休撫卹離職資遣條例」（下稱**私校退撫條例**，2019），同年7月8日總統明令公告，並99年1月1日起實施。退撫儲金新制採確定提撥制，輔以「分戶立帳、集中管理、監管分立與可攜式」等原則，將提撥之金額交由健全的基金管理機構負責，期使基金投資收益更具績效。目前由「財團法人中華民國私立學校教職員工退休撫卹基金管理委員會」（下稱**私校退撫管理會**）擔任收支管理運用單位。由教職員、學校及政府，按月共同提撥儲金至個人帳戶，若教職員退離時，一次領取儲金之本金及孳息。

　　依「私校退撫條例」，私校教職員退休的種類及要件可分為兩種：

（一）自願退休

1.年滿 60 歲。

2.任職滿 25 年。

3.配合學校組織變更、停辦或合併依法令辦理精簡者，其未符前項規定而有下列情形之一，得准其自願退休：

　（1）任職滿 20 年。

　（2）任職滿 10 年，年滿 50 歲。

（3）任本職務年功薪最高級滿 3 年。

（二）屆齡退休

1.教職員年滿 65 歲，私立學校應主動辦理其屆齡退休。

2.有下列情形之一，得予以延長服務：

（1）校長聘期未屆滿者，得任職至聘期屆滿；其聘期屆滿而獲續聘
　　　者，亦同，但不得逾 70 歲。

（2）專科以上學校教授經學校基於教學需要，並徵得當事人同意繼續
　　　服務者，但每次延長不得逾 1 年，至多延長至屆滿 70 歲當學期為
　　　止。

三、私校退撫儲金計算

舊制退休金（98年12月31日以前年資）+新制退休金（99年01月01
日以後年資）。

（一）舊制退休金（以年資基數計算）

　　1.年資 ＜15年→（年資×2-1）×（退休時本薪+930）。

　　2.年資 ≧15年→（年資×2+1）×（退休時本薪+930）。

（二）新制退休金（以儲金帳戶基金淨值計算）

　　[每月存入退撫儲金（本薪 ×2×12%×32.5%）] + 年收益總額

　　（每月存入退撫儲金＝政府負擔 + 學校提撥 + 個人負擔）

四、舉例（教師）

79年8月1日任職，109年8月1日退休，年資30年（舊制年資＝19年
5個月，新制年資＝11年7個月），退休時俸點＝770，前10年本俸額平

均值＝53,075元。私校退撫儲金試算表（如圖6-10-1）。

（一）私校教保

1.一次退休金＝前10年本俸額平均值×年資×1.2

　　　　　＝53,075元 ×30年 ×1.2

　　　　　＝1,910,700元

2.月退休金＝前10年本俸額平均值×年資×1.3%

　　　　　＝53,075元 ×30年 ×1.3%

　　　　　＝20,699元

（二）私校退撫儲金

1.一次退休金＝舊制退休金+新制退休金

　　　　　＝2,160,200元+2,074,059元

　　　　　＝4,234,259元

2.月退休金（若年資 15 年以上得選取）＝22,391 元

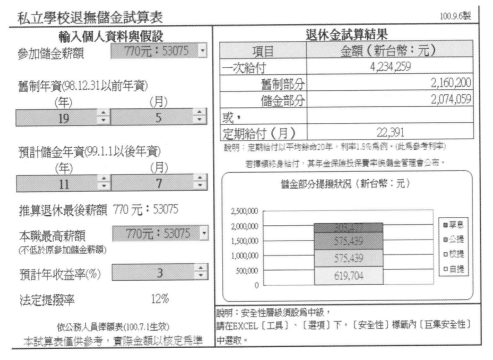

圖 6-10-1 私校退撫儲金試算表

資料來源：長庚大學人事室（2023）。

（三）教師可領取退休金合計

1.一次退休金＝（一）1. +（二）1.

　　　　　＝1,910,700 元 +4,234,259 元

　　　　　＝<u>6,144,959元</u>

2.月退休金　＝（一）2. +（二）2.

　　　　　＝20,699 元 +22,391 元

　　　　　＝<u>43,090 元</u>

五、私校退撫儲金試算

可登入「學校法人及所屬私立學校教職員退休撫卹離職資遣儲金監理會」私校退撫儲金試算表。

六、私校退撫儲金可自選投資

教職員自選投資時需進行「個人風險屬性評估」，依評估結果將其個人專戶既有金額及每月撥繳款項，選擇對應或較低風險等級之投資標的組合。各投資標的組合為「私校退撫管理會」所遴選之投資顧問協助篩選，經審議程序後，置於專屬平台，並且在教職員符合退休或離職等條件後，領取個人帳戶中投資基金的淨值。未進行自主投資前之退撫儲金，由私校退撫管理會統一管理運用。

教職員自選投資時，須自負盈虧，但也有現行2年期定期存款利率保證設計。「私校退撫管理會」現階段提供三種不同風險屬性之投資標的組合，其中經該會評定風險程度最低之投資標的組合，運用收益不得低於當地銀行2年期定期存款利率，如有不足，依教職員參加該種組合期間之累計收益，於離退時由國庫補足。

私校退撫儲金可選擇投資標的目前規劃共有「保守型（低風險）、穩健型（中風險）、積極型（高風險）與人生週期型」4 種投資組合及在職年金保險商品可供教職員選擇。其中人生週期型係以年齡作為區隔，由「保守型、穩健型及積極型」3 種投資標的組合比例配置而成。

第七章 友善環境

第一節 中高齡者社會連結

依衛福部（2022）因應超高齡社會對策方案（112-115年）核定本：許多國內外實證研究都支持，高齡者的社會連結與其成功老化有相當密切的關連。透過親身的接觸互動或是智慧科技產品的運用，提升高齡者與家人、社區及職場的連結，以及社會性的學習和參與，均有助於增進高齡者的健康與活力。

一、提升中高齡者數位連結

運用公共及教育等場域，例如社區大學、國中補校及樂齡學習中心（下稱樂齡中心），依中高齡者之數位學習需求開設數位資訊相關課程或活動。針對社區照顧關懷據點（下稱社關點）主要幹部導入資訊應用課程，並於據點場域辦理生活資訊應用教學。鼓勵發展中高齡友善的智慧科技產品與社群平台提供創新研發補助，鼓勵企業研發中高齡友善的智慧科技產品。

二、提升高齡者的家庭與社區連結

（一）提倡家人關係的緊密連結：於社區場域辦理促進家庭融合及相互
理解之相關活動，例如祖父母節慶祝活動、人際關係與溝通課
程。

（二）提升高齡者的社區連結：善用長者的能力與豐富人生經驗，透過
多元活動方式，提升與社區民眾的互動與連絡。

第二節 志工服務

一、志工服務的意義

工作之餘或退休之後，也許生活中有所重心或心靈上有所依歸，但是人生或許仍有付出的價值，那就是給人方便與溫暖。讓別人快樂，我們也就快樂，請不要否認社會動盪我們跟著不安，也請不要懷疑，愈多負面能量佔據我們的心，我們就會有愈多的苦難。人生的長短不重要，重要的是觀念與態度，其實就是永保眞誠的關心與幫助他人，那麼愈來愈不在乎自己的得失，最後你不只內心自在，而且滿心歡喜。

二、依衛福部（2023）推展志願服務成果報告

（一）現況分析

全國志願服務（下稱志服）蓬勃發展，統計民國 110 年底中央各目的事業主管機關，包含社福、文化、教育、環保、衛生、醫療、財稅、經濟、農業、體育、科學、國防、消防與警政等志工總人數爲 104 萬 2,957 人（約占總人口 4.5%），其中女性 73 萬 6,853 人（約占 70.7%），男性 30 萬 6,104 人（約占 29.3%）。

（二）未來展望

志服在政府與民間攜手推動之下已見成效，但未來仍須因應社會變遷及民眾服務需求，以更宏觀的角度及思維推動志服工作。

1.完備志服制度，建構公民社會：

（1）政府角色調整：面對資訊科技日新月異，政府角色可由管制者轉為使能者，以釋放志工能量，讓服務可以彈性多樣化，打造友善環境。

（2）擴大部會參與：結合部會共同推動志服。

2.倡導志服理念，形塑正向循環。

3.強化志工人力資源培育，便捷志工媒合與管理：

（1）精進志服資訊系統功能：提供友善使用介面，使資訊傳遞、供需媒合與資源整合更為便利。

（2）持續補助運用單位辦理志工訓練，並廣為結合民間資源，就近提供志工成長管道。

4.開發青少年與企業志工，提升志工量能：

（1）協請教育部等相關部會，就青少年參與志服，配合服務學習課程，研議鼓勵措施。

（2）鼓勵各縣市政府盤點各社福機構與團體服務需求，運用各地志工推廣中心，加強與高中職學校聯繫，拓展青少年志工。

（3）協同經濟部等相關部會，結合企業社會責任理念，推動企業志工理念，建構平台與媒合服務機會，以員工服務體驗，擴大企業志工參與。

5.活化高齡志工，促進高齡志願參與：

（1）促進高齡志工參與

　　透過政府機構與民間企業引導，鼓勵即將退休之員工，參與志服，持續貢獻經驗與智慧。對於學有專精之高齡志工，發展專業志工，以善用其知能。

（2）促請相關部會重視與投入，回應多元需求：

　　透過相關部會盤點適合長者之服務項目，共同推動高齡志工方案，除高齡志工主要服務類別（環保、衛福及教育等類別），其餘各類服務（如文化、宗教、交通、警政、法務、民政、戶政、地政或稅務等）仍須透過盤點推動高齡志工方案。

（3）透過社區、村里、機構與團體，深化高齡志工宣導：

　　提供社關點、村里長、社福中心、轄區之機構團體等高齡志工招募與供需媒合等相關訊息，增加高齡者參與服務之機會。

第三節 樂齡學習中心

一、「樂齡學習中心」之目標

　　依教育部（2022）補助各直轄市及縣（市）政府（下稱各縣市政府）申辦樂齡中心實施計畫之目標：提供 55 歲以上國民活躍老化核心課程，繼續學習及參與，促進健康安全，提升生活品質，達成樂齡學習。

二、課程分為

（一）核心課程
1. 生活安全：居家、交通、用藥、食品衛生、經濟、財管、預防詐騙及法律知識等。
2. 運動保健：銀髮體適能、保健資源、規律運動（如肌耐力訓練、心肺功能、平衡感運動）、老年疾病、睡眠品質、營養常識、健康知識、心理健康、健康老化及健康促進等。
3. 心靈成長：學習正向思考、活化記憶力、學習閱讀、生命教育、信仰學習、靈性教育、高齡善終、心理輔導及預防失智等。
4. 人際關係：老年家庭、社會人際關係、家人相處、旅遊學習、社團活動、婚姻教育及科技運用等。
5. 社會參與：分為學習及節慶主題，以協助民眾了解社會脈動及配合規劃展演活動事宜。
（二）自主規劃課程
1. 在地資源與產業特色：結合當地產業、文化傳承、自然及人文環境、

歷史、產業創新及藝術等。

2.興趣及需求規劃：包括劇團演出、生態保育及語文學習等。

3.社團：延續前述課程類型之自主規劃課程，鼓勵連續超過 2 年以上之課程，轉型成為社團，社團活動得因應課程需要，申請專業師資每月授課 1-2 次，讓自主規劃課程可蓬勃發展。

三、樂齡中心資訊及簡介：可上「教育部樂齡學習網」查詢。

四、其他多元活動或學習管道：例如鼓勵高齡者參與長青學苑及樂齡大學等活動或課程。

第四節　預防保健

　　健康老化可善用政府提供65歲以上長者每年1次成人預防保健，2020年有105.1萬長者接受該服務，其中檢查有異常者：血脂25.3萬人（24%）、血壓23萬人（21.8%）及血糖10.3萬人（9.8%）。

一、結合地方資源，促進長者健康

　　透過衛生局或社區醫療機構，結合健康城市、社區健康營造、社關點及樂齡中心等地方資源，依社區長者特質與需求，辦理長者健康促進活動，維護長者獨立自主的健康生活，降低長者依賴程度，並積極參與社會。

二、預防衰弱

　　WHO指出適量身體活動可降低罹患心血管疾病、糖尿病、大腸癌、乳癌、憂鬱、髖關節或脊椎骨折等風險。研究顯示適當運動可降低長者衰弱與失智風險。

三、高齡友善健康

　　近年來政府為因應高齡化社會，所以持續推動高齡友善健康，包括健康飲食、運動、防跌、老人用藥安全、慢性病預防、健康篩檢與

血壓量測等議題，並推動高齡友善健康照護與城市。

四、銀髮族的無障礙空間

銀髮族的生活環境要特別注意防滑與防摔的狀況發生，透過無障礙空間可以將在客廳、臥室或浴室的跌倒風險降到最低，來維持身體健康。

第五節 高齡友善環境

　　國健署（2022）2019年起以高齡友善城市為基礎，推動「高齡與失智友善及關懷社區計畫」：建構健康的公共政策框架，架構涵蓋環境、服務與政策。透過軟硬體設施之改善，連結社區、商家、慈善與宗教團體等組織，建構夥伴關係，發揮社區力量，讓社區高齡者、失智、安寧及慢性病患不再只是被照顧者，而是能獨立自主生活，參與社區活動，對社會持續貢獻，更能活得有品質到人生最後。

　　了解友善社區需求，進而自行運用資源，共同促進社區居民健康，例如健康促進或社區關懷活動等，可增加長者社會參與的意願。另青銀共融活動不僅可以增加長者社會參與，亦可同時營造社區尊老氛圍，讓長者有展示智慧及能力的機會，增加長者參與活動的自信心，藉此吸引更多長者踏出家門，參與社區活動。

第八章 長期照顧

第一節 長期照顧之簡介

一、長期照顧（下稱長照）之定義：長照法（2021）

指身心失能持續已達或預期達 6 個月以上者，依其個人或其照顧者之需要，所提供之生活支持、協助、社會參與、照顧及相關之醫護服務。

進入「超高齡社會」將使得長照需求人數隨之增加，且家庭的照顧功能有限，個人與家庭的照顧壓力很重，進而衍生社經問題。建立完善的長照體制，已成為完備我國社會安全體系的關鍵之一。

二、2021 年我國人口的零歲與健康平均餘命

衛福部統計處（2023）2021年我國人口的零歲平均餘命，全體為80.9歲；另零歲**健康**平均餘命，全體為73.3歲，即全體**不健康**生存年數為<u>7.6年</u>（80.9歲減73.3歲）。

　　為因應未來龐大的長照需求並減輕家庭照顧沈重的負擔，政府民國106年起推動長照2.0，長照預算至111年已超過600億元，除積極布建居家式、社區式及住宿式服務外，同時推動長照給付及支付新制與社區整體照顧服務（下稱照服）體系，亦致力保障照顧服務員（下稱照服員）薪資待遇以充實長照人力，提升失智症服務涵蓋率，並持續推動預防及延緩失能照顧，強化失智症照顧量能及整合居家醫療等服務，廣泛照顧不同長照需求的民眾。

　　「高齡社會白皮書」中根據長照2.0計畫顯示：我國長照需求人數到2026年時將升至100萬人，另根據臺灣失智症協會的數據與推估，我國失智總人口數於2030年時，將上升至46.5萬人。針對失能者的照顧，政府近年業陸續推動多項高齡者福利方案或計畫，包括加強老人安養服務方案、照服福利及產業發展方案與長照2.0等，以加速推展我國長照服務。

三、長照2.0的服務體系〔行政院新聞傳播處（2022）重要政策〕

（一）社區整體照顧ABC模式，實現在地老化：

　　為實現在地老化，提供從支持家庭、居家、社區到住宿式照顧的多元連續服務，普及照服體系，至民國111年5月，已布建A級（社區整合型服務中心）680處、B級（複合型服務中心，含「一國中學區一日照中心」）6,852處與C級（巷弄長照站）3,686處據點；長照給付支付服務人數已逾40.7萬人，長照服務涵蓋率提升至67.03%。

（二）擴大服務項目

服務項目由 8 項增加：失智照顧、原民社區整合、小規模多機能、照顧者服務據點、社區預防照顧、預防/延緩失能，以及延伸出院準備與居家醫療等 17 項，即向前端銜接預防保健，降低與延緩失能，向後端銜接安寧照護，讓失能與失智者獲得更完整的照顧。具體成果如下：

1.完備失智照服體系

至 111 年 5 月，分別設置失智共同照護中心 114 處與失智社區服務據點 514 處。

2.長照服務與醫療照護整合

108 年 7 月 19 日起實施「居家失能個案家庭醫師照護方案」，提供以居家失能個案為中心之長照與居家醫療整合服務，至 111 年 4 月派案服務人數超過 16 萬人。

3.推動給付及支付新制，量身打造照顧計畫：

（1）整合長照服務為 4 類

新制建立與服務單位特約機制，即整合為「照顧及專業、交通接送、輔具服務及居家無障礙環境改善與喘息服務」4 類給付，由照管專員（下稱照管員）或個案管理員（下稱個管員）針對個案長照需求量身打造照顧計畫，再由特約服務單位提供長照服務。

（2）更細緻反應不同失能程度的照顧需要

新制增加更多的評估面向，例如工具性日常活動、特殊照護、情緒及行為型態等，將各類的長照失能者納入長照服務對象；同時將長照失能等級分為 8 級，可更細緻滿足不同失能程度的照顧需要。

（3）「論時數改為論服務」項目，讓長照服務更有效率：

新制將民眾可獲得之長照服務內容，分別按次、按日或按時等多元支付方式。另提升全職居家照服員平均月薪至 3.8 萬元以上，部分工

時時薪亦有 223 元，吸引健康照顧科系畢業生投入相關產業，並提供更好與更穩定的長照服務。至 111 年 5 月，照服員人數超過 9.2 萬人。

四、建構友善高齡環境之措施

（一）減輕身心失能者家庭的負擔

　　自民國 109 年起申報綜合所得稅，不論聘用看護、使用長照機構或在家照顧，皆可適用每人每年 12 萬元的「長照特別扣除額」，受益人數近 33 萬戶。同時考量長照特別扣除額對較低所得者無法受益或受益較少，提供「住宿式服務機構使用者補助方案」，凡 108 年 1 月起入住本方案規定之機構滿 90 天以上，並符合條件者，每人每年最高可領取 6 萬元補助。自 109 年底起全面放寬服務對象，符合失能等級者，只要外看休假，即可申請喘息服務。

（二）提升住宿式服務機構品質

　　推動「住宿式服務機構品質提升卓越計畫」，針對公私立機構給予每床 1 至 2 萬元的獎勵，110 年共有 1,402 家公私立住宿式機構參與，通過查核 1,291 家，獎勵 72,790 床。

（三）強化社區預防照護服務網絡

　　聚焦向前延伸初級預防照護，以衰弱、亞健康及健康長者為對象，結合在地服務資源，提供健康促進及延緩失能課程（如運動、認知促進、防跌、正確用藥及慢性病管理）；另全國 22 縣市皆已加入「高齡友善城市」，並推展「高齡友善社區」計 166 個，營造適合長者安居樂活的環境。

（四）推動高齡友善健康照護機構

　　為協助國內健康照護機構提供高齡友善健康促進服務，推動「高齡友善健康照護機構」認證，至 110 年共有 645 家（醫院、衛生所、診所及長照機構）獲得認證，提供長者更優質的高齡友善服務。另參考 WHO「長者整合性照護指引」，推動長者功能評估工作，在個人、家庭、社區及醫療院所，倡導察覺長者「認知、行動、營養、聽力、視力及憂鬱」6 大面向功能問題，以早期發現功能異常及早介入相關措施，預防及延緩長者失能。

（五）照護科技化關懷長者

　　建構「高齡整體照顧模式整合平台」，開發資通訊、物聯網及連結輔具等產業，改善長照服務模式。

五、結語

　　為滿足國民長照需求並達成在地老化目標，政府將持續廣布長照據點，提升服務可近性，多管齊下打造「經濟自主、健康生活及行動無礙」的高齡友善環境，使長者能有健康、快樂及尊嚴的老年生活，工作中的子女亦能安心托老。

第二節 申請長照流程

　　長照服務對於被照顧者或其家屬而言，都可能承受極大的經濟與心理壓力，若其在家親自照顧或是聘僱外看，都可使用長照，經評估符合資格者，有政府提供的資源與補助，可以減輕負擔。

　　長照服務對象為未使用「住宿服務使用者補助方案」且依長照服務申請及給付辦法（下稱長照申付辦法）（2022）第 2 條：因身心失能，且符合下列資格之一者：

1.65 歲以上，但具原住民身分者為 55 歲以上。

2.領有身心障礙證明。

3.50 歲以上失智症。

一、透過下列方式申請長照服務

1.撥打「1966」專線

　　民眾撥打專線後（如圖8-2-1），長照管理中心（下稱照管中心）將派照管員到家進行評估，依需求提供量身定作長照服務。

圖 8-2-1 長照服務專線 1966

資料來源：衛福部（2023）。長期照顧。

2.聯絡「當地照管中心」

　　全國 22 縣市成立照管中心及其分站，提供單一窗口，受理申請與需求評估，並協助家屬擬訂照顧計畫等業務。

3.住院期間聯絡醫院「出院準備服務轉介」

　　部分病人因意外或疾病導致日常生活能力受損，出院返家後立即銜接長照服務資源。鼓勵計畫參與醫院以**住院病人**為中心組成跨專業服務團隊，團隊之評估人員針對符合長照服務資格者，於出院前 3 天以照顧管理評估量表執行長照需要等級（CMS）及照顧問題評估，後續由長照 A 單位個管員依據評估等級及給付額度，與個案、家屬或主要照顧者討論擬定照顧計

畫，協助個案於出院返家 7 天內取得所需長照服務及資源。另為考量有輔具需求個案，可及時獲得輔具，故鼓勵醫院建立簡易輔具友善銜接機制，降低返家後日常生活障礙，提升個案及照顧者生活品質，以減輕照顧者負擔及降低照顧支出。

4.直轄市、縣（市）主管機關（下稱地方主管機關）：各區衛生所或區公所。

5.線上申請（長照 e 申請）。

6.社區整體照服體系－A 單位。

二、到府評估：照管中心將派照管員到府評估。

三、擬訂計畫：依照長照需要等級給予不同額度（如表 8-2-1）。

表 8-2-1 長照需要等級及長照服務給付項目之額度

幣別：新台幣（元）

長照需要等級	長照服務						家庭照顧者支持服務/喘息服務適用 G 碼
	照顧及專業服務適用 B、C 碼	交通接送服務適用 D 碼				輔具及居家無障礙環境改善服務適用 E、F 碼	
		第一類	第二類	第三類	第四類		
	給付額度（月）					給付額度（每 3 年）	給付額度（年）
第 2 級	10,020	1,680	1,840	2,000	2,400	40,000	32,340
第 3 級	15,460						
第 4 級	18,580						
第 5 級	24,100						
第 6 級	28,070						
第 7 級	32,090						48,510

第 8 級	36,180							

資料來源：長期照顧服務申請及給付辦法（2022）。本著作自行整理。

四、提供長照服務：按照評估結果提供服務。

第三節 長照服務項目

　　經各縣市照管中心評定長照失能等級 2 至 8 級，依個管員擬訂照顧計畫，可提供四大類服務內容。另可透過「長照服務資源地理地圖」來得知最近的服務資源有那些。

一、照顧及專業服務

（一）照顧服務
1.居家服務
　　為受過專業訓練的照服員到家中協助失能者，包含基本身體清潔/日常照顧、測量生命徵象、餵食、餐食照顧、協助沐浴及洗頭、陪同外出/就醫或到宅沐浴車等服務。
2.日間照顧
　　失能或失智長者在白天時間就近至日照中心接受服務，服務內容除了基本照顧、餐飲服務及從住家到日照中心的交通接送服務外，還包含健康促進與文康休閒等活動，另也提供家屬指導及諮詢等服務。
3.小規模多機能服務
　　如果有臨時夜間住宿的需求，每個月最多有 15 天可以使用夜間住宿服務。
4.家庭托顧

提供長照服務對象於家庭托顧人員住所（托顧家庭）接受身體及日常生活照服，如同保母在自己的家裡照顧幼兒一樣，我們將被照顧者送到托顧家庭接受照顧，其服務人數較與一對一之居家服務不同，照服員在照顧自己家人同時，可以在家創業穩定經濟收入，維持其家庭功能的完整性，落實在地老化以及政府推動社區照服的理念。

（二）專業服務

由物理/職能/語言治療師、護理師、營養師或心理師等，針對自我功能提升、飲食、護理、困擾行為等提供個案及照顧者專業指導。例如復能（reablement）服務是為了讓長照個案學習自主生活，透過專業人員短時間且密集性之介入服務，指導個案及主要照顧者，達到訓練目標。長照失能個案如有使用專業服務之需求可向照管中心或 A 單位個管員提出。

二、交通接送

提供往返居家至社區式服務類長照機構或至醫療院所就醫、復健或透析治療。

三、輔具及居家無障礙環境改善

有輔具或是居家環境需要裝設扶手或移除門檻等改善工程，都可以申請。

（一）申請流程

依長照申付辦法規定：有請領資格者並經照管員評估有輔具需求，逕轉介至地方主管機關自行或委託輔具資源中心、復健相關醫事機構，將由其整合個案整體輔具需求並完成「輔具評估報告書」，個案則依輔具評估報告書至地方政府特約或非特約社區藥局及醫材行單位購置或租賃輔具。

地方政府推動輔具服務特約單位辦理代償墊付機制，透過地方政府與社區藥局及醫材行特約，以代償墊付辦理核銷，民眾前往特約輔具服務單位購置或租賃輔具，僅需支付部分負擔，即可取得服務。補助費用由特約單位向地方政府請款，加速民眾取得輔具，減輕民眾經濟負擔，特約單位按給付組合內容（含括輔具諮詢、定期追蹤使用狀況、回收整備及相關服務）提供服務，以確保長照身心失能個案對其輔具進行免費或合理自付範圍的定期服務。

（二）長照輔具租賃服務。

四、喘息服務

家中照顧者若需要休息，可申請下列喘息服務。民眾可依需要選擇適合之模式或採混合配搭使用。

（一）居家喘息：藉由照服員至個案家中，提供身體照服。

（二）機構喘息：個案至住宿式長照機構接受照顧。

（三）社區喘息：個案白天至日照中心/巷弄長照站或於夜間至小規模多機能服務中心。

以上長照服務給付額度表及一覽表（如表 8-3-1、表 8-3-2 及表 8-3-3）。

表 8-3-1 長照服務給付額度表

幣別：新台幣（元）

長照等級	照顧及專業服務	交通接送	輔具服務與居家無障礙改善	喘息服務
第 2 級	10,020	第一類 1,680 第二類 1,840 第三類 2,000 第四類 2,400 （根據居住地縣市鄉鎮分類）	40,000 （每 3 年）	32,340
第 3 級	15,460			
第 4 級	18,580			
第 5 級	24,100			
第 6 級	28,070			
第 7 級	32,090			48,510
第 8 級	36,180			

註：根據經濟狀況（一般戶/中低收）在給付額度內給予不同補助，低收入戶政府全額補助，中低收入戶自付5%至10%，一般戶自付16%至30%。

資料來源：衛福部（2023）。長期照顧。本著作自行整理。

表 8-3-2 交通接送服務給付分類表

分類原則	類別	轄區面積	縣市（鄉鎮市區）
縣市幅員	第一類	未達 500 平方公里	嘉義市、新竹市、基隆市、臺北市
	第二類	500 平方公里以上，未達 2500 平方公里	彰化縣、桃園市、雲林縣、新竹縣、苗栗縣、嘉義縣、新北市、宜蘭縣、臺南市、臺中市
	第三類	2500 平方公里以上	屏東縣、高雄市、南投縣
偏遠地區	第四類	偏遠縣市	臺東縣、花蓮縣、澎湖縣、金門縣、連江縣
		偏遠鄉鎮市區（計 48 個）	新北市烏來區、石碇區、坪林區、平溪區、雙溪區、貢寮區、桃園市復興區、臺南市楠西區、南化區、左鎮區、龍崎區、新竹縣五峰鄉、尖石鄉、關西鎮、峨眉鄉、苗栗縣泰安鄉、南庄鄉、獅潭鄉、三灣鄉、臺中市和平區、南投縣仁愛鄉、信義鄉、魚池鄉、中寮

			鄉、國姓鄉、鹿谷鄉、嘉義縣阿里山鄉、番路鄉、大埔鄉、高雄市那瑪夏區、桃源區、茂林區、田寮區、六龜區、甲仙區、杉林區、屏東縣三地門鄉、霧臺鄉、瑪家鄉、泰武鄉、來義鄉、春日鄉、獅子鄉、牡丹鄉、滿州鄉、琉球鄉、宜蘭縣大同鄉、南澳鄉

註：

1.偏遠地區包含原民區或離島及長照偏遠地區。

2.長照偏遠地區：依內政部109年12月最新統計資料，以人口密度低於每平方公里130人之鄉鎮市區為標準。

資料來源：長期照顧服務申請及給付辦法（2022）。本著作自行整理。

表 8-3-3 長照服務給付項目一覽表

	照顧及專業服務（每月）	交通接送（每月）	輔具服務及居家無障礙改善（每3年）	喘息服務（每月）
補助額度(第2級-第8級)	依長照等級給付額度為（10,020元～36,180元）	第一類 1,680元 第二類 1,840元 第三類 2,000元 第四類 2,400元	40,000元	第2級至第6級（32,340元） 第7級至第8級（48,510元）
自行負擔額度	低收入戶 0% 中低收入戶 5% 一般戶 16%	低收入戶 0% 中低收入戶（7%～10%） 一般戶（21%～30%）	低收入戶 0% 中低收入戶 10%（4,000元） 一般戶 30%（12,000元）	低收入戶 0% 中低收入戶 5%（1,617元-2,425元） 一般戶 16%（5,174元-7,761元）
補助可用範圍	照顧及專業服務	可接送至就醫及長照地點等	需先由專人評估後方可購買	居家 機構 社區
外籍看護	專業服務與到宅沐浴車服務	同上	同上	同上

家庭	（僅給付額度 30%）			

註：若是入住長照住宿式機構者，不能申請長照服務。

資料來源：本著作自行整理。

第四節 長照需求與服務

一、行政院新聞傳播處（2022）重要政策

擴及衰弱老人及安寧照顧。除65歲以上失能老人，還包括55歲以上失能原住民、50歲以上失智症者及任何年齡的失能身心障礙者，長照需求服務人數從民國106年51.1萬人增加至111年829,431人。

二、長照服務使用者之人口學特性

2022年長照服務使用者總人數為440,381人，其有隨著年齡而增加，其中以75歲以上人口為68.69%最高，女性58%高於男性42%。長照需要等級2至8級中，以4級18.77%的最高，最低的則是6級10.26%。長照服務使用者中以一般戶81.16%、領有身心障礙證明50.02%、非獨居87.29%、無聘請外籍看護84.91%（如表8-4-1）。

表 8-4-1 2022 年長照服務使用者之人口學特性

人口變項		合計	
		人數	百分比
總人數		440,381	100.00%
年　齡	19 歲以下	4,923	1.12%
	20-49 歲	14,008	3.18%

	50-64 歲	34,415	7.81%
	65-74 歲	84,547	19.20%
	75 歲以上	302,488	68.69%
性 別	男	184,955	42%
	女	255,426	58%
族 群	非原住民	426,490	96.85%
	原住民	13,887	3.15%
長照需要等級	2	65,764	14.93%
	3	72,552	16.47%
	4	82,641	18.77%
	5	66,647	15.13%
	6	45,196	10.26%
	7	47,825	10.86%
	8	59,151	13.43%
經濟別	一般戶	357,393	81.16%
	中低收入戶	34,496	7.83%
	低收入戶	48,489	11.01%
領有身心障礙證明	有	220,264	50.02%
	無	220,113	49.98%
獨 居	是	55,960	12.71%
	否	384,401	87.29%
主要照顧者	有	414,916	94.22%
	無	25,455	5.78%
聘僱外看	有	66,440	15.09%

	無	373,936	84.91%

中國民國 112 年 4 月 7 日編製

填表說明：

1.長照需要等級之百分比總和不足 100%係因不包含等級 1 之人數和。

2.領有身心障礙證明/手冊、獨居、主要照顧者及聘僱外看之百分比總和不足 100%係因該欄位有遺漏情形所致。

資料來源：衛福部（2023）。

三、聘僱外看家庭可使用長照服務項目

（一）申請可使用服務項目（如圖8-4-1及表8-3-3）

　　已聘僱外看家庭經照管員評估為長照需要等級第2級（含）以上者，可申請專業服務、交通接送、輔具及居家無障礙環境改善、到宅沐浴車與喘息服務等，並藉由社區式交通接送服務，接送至社區式服務類長照機構及巷弄長照站（C據點）等，或預防/延緩失能（失智）服務等活動。如經評估屬失智但未失能者，亦可使用失智共照中心/據點服務；家屬如有照顧者支持服務需求者，也可使用家庭照顧者支持服務據點。

圖 8-4-1 聘僱外看家庭可使用長照服務項目

資料來源：衛福部（2023）。長期照顧。

（二）外看家庭面臨空窗期可申請長照情況

　　聘僱外看家庭遭遇以下長照空窗期，被照顧者經評估為長照需要等級第2級（含）以上，並出示相關證明文件者，視同未聘僱外看，所以可申請長照服務，更多資訊請洽1966長照專線或個管員。

1.在申請外看過程期間。

2.外看請假。

3.外看欲轉換雇主。

4.外看期滿離境。

5.外看行蹤不明。

四、評估結果未符合長照服務資格之其他選項

政府補助設置許多長照的社區服務據點（包括社關點、巷弄長照站或文化健康站等），提供長輩健康促進、共餐、預防及延緩失能/失智服務方案，鼓勵社區長輩就近參與據點活動，遠離失能/失智，詳細可洽照管中心或查詢附近長照服務據點（連結衛福部/長照地理資訊地圖）。

五、家人若失智除長照服務外之其他資源

還有團體家屋、失智共照中心/社區服務據點等資源可協助照護。

六、舉例

大明家住臺北市（經濟別為一般戶）經照管中心評估為長照需要等級為第5級（如表8-4-2）。

表 8-4-2 舉例長照服務部分負擔金額

一般戶	照顧及專業服務（每月）	交通接送（每月）	輔具服務及居家無障礙改善	喘息服務（每月）
等級類別	第 5 級	臺北市第一類		
補助額度	24,100 元	1,680 元	40,000 元/每 3 年	32,340 元
部分負擔	16%	30%	30%	16%
負擔金額	3,856 元	504 元	12,000 元/每 3 年	5,174 元

資料來源：本著作自行整理。

第五節 申請外籍看護工

一、申請外看流程

（一）申請外看之資格

1.被看護者至醫院評估

　　被看護者可至「申請聘僱外國人從事家庭工作之專業評估醫療機構」進行身體診斷評估，即由醫院開立「病症暨失能診斷證明書暨巴氏量表」。

2.持**特定身心障礙**證明（手冊）

　　等級需達重度以上及符合特定障礙類別。

3.被看護者現為80歲以上，曾經醫療機構專業評估認定有嚴重依賴或全日照護需要且目前外看尚未轉出或離境者。免再經醫療機構專業評估之適用情形為重新招募，依規定係指外看聘僱期間屆滿或預定出國前 4 個月內，其外看尚未出國或轉出時提出。

4.被看護者曾經醫療機構專業評估認定有全日照護需要，且為腦性麻痺明顯生活功能不良、脊髓損傷致明顯生活功能受損或截肢併明顯生活功能受損者。

5.被看護者曾經醫療機構專業評估認定有全日照護需要，且由醫療開立符合全癱無法自行下床、需 24 小時使用呼吸器或維生設備、植物人相關證明者。

　　若是對於相關資格有所疑問，可以撥打 1966 長照專線詢問。

（二）照管中心評估

（三）勞動部審核認定

（四）聘僱許可

1.直接聘僱

2.委託仲介聘僱

可使用「私立就業服務機構查詢系統」，查詢仲介公司的「違規處分記錄」及歷年「評鑑結果」等資訊，來確保仲介公司品質。

二、雇主初次聘僱外看聘前講習（勞動部勞發署，2023）

講習介紹：為使聘僱外看或家庭幫傭之雇主有充分家庭與心理準備，清楚未來將面對之狀況、相關法令規定及可運用之政府資源，以減少可能之違法行為，爰規範本國雇主初次聘僱外看或家庭幫傭前，應參加主管機關或其委託非營利組織辦理之聘前講習，並於申請許可時檢附已參加講習之證明文件。

三、申請外看所需費用

（一）委託仲介聘僱外看所需登記費及介紹費（統稱仲介費，合計每一員工不得超過外看第一個月薪資）。

（二）每個月固定支出費用（如表 8-5-1）

表 8-5-1 申請外看每個月固定支出費用

費用項目		費用（元/月）	說　明
外看薪資	固定薪資	20,000	
	週日加班費	2,668 或 3,335	667 元/天，每月加班 4 天或 5 天

政府費用	就業安定費	2,000	每季繳費一次（6,000 元）
	健保費（雇主負擔）	1,286	依勞保投保基本工資與費率核算=26,400 元 x 費率
	職業災害保險費	48	依職保（勞保投保基本工資與費率）核算=26,400 元 x 職保費率 0.18%
合計		26,002 元或 26,669 元	

註：

1. 以上資訊，請以勞動部勞發署、私立就業服務機構收費項目及金額標準公布最新資訊為主。

2. 實際費用與項目，因個別案例需求有所不同。

資料來源：本著作自行整理。

（三）每年其他費用

1. 保險費

　　依勞動契約家庭類雇主應為外看投保意外事故保險（家庭類團體保險，保額30萬元以上），保險費大約500元。

2. 服務費：仲介公司得向雇主收取每年 2,000 元。

3. 外看特休假

　　每滿1年外看有7天特休假，若無休假，則可依每天667元，換算工資給與外看。

4. 機票費

　　外看工作期滿3年後若無續聘，歸國機票費須由雇主負擔或依契約約定。

（四）試算長照費用支出

　　舉例：外看每月固定支出26,002元+外看食宿費5,000元+日常營養品及耗材費10,000元＝41,002元/月 x 12個月x 7年（平均

照顧年數）＝3,444,168元（未含醫療器材費及通膨等）。

四、勞動契約注意事項

　　欲聘僱外看，勞雇應合意簽署勞動契約，以明確訂定雙方的權利義務。依就業服務法（2023）第52條：移工聘僱期間一次最長為3年，而除了約定聘僱期間之外，應包含約定工作內容及地點、工資與膳宿、工作時間、休假、休息與特別休假。

五、外看提前解約辦理轉出應注意事項

（若勞雇一方覺得不適任或被照顧者過世等情況而提前解約時）

（一）向勞發署報備，辦理轉出（可委託仲介辦理）。

（二）收到勞發署轉出函 14 天內要去就業服務站辦理登記轉出（可委託仲介辦理）。

（三）轉出期間管理責任還是在原雇主身上。

（四）轉出期間住宿責任應由雇主負責。

（五）轉出期間如雇主委託仲介代為處理住宿，需支付食宿費用。

（六）轉出期效以發函日起 60 天，如入境僅一年內或特殊情況可在延長 60 天。

（七）轉出期間，雇主仍需支付健保費，另就業安定費在「廢止雇主聘僱許可且同意外看轉出函」情況下可不支付，但是以「廢止雇主聘僱許可且同意外看轉出函」辦理轉出，雇主不得取消轉出手續。

（八）倘若外看已由新雇主接續聘僱，雇主得持雙方或三方合意證明文件辦理薪資結清。

六、當家人需要長照時，除了可使用長照或是聘僱外看進行居家照護，另外還有住宿式照顧機構，相關名冊可連結**衛福部>長期照顧**查詢。

第六節 居家醫療照護

一、依健保署（2023）：健保居家醫療照護整合計畫可參閱本著作第三章第三節健康照護。

二、照護內容（舉例）

（一）牙醫師到宅醫療照護

1.可至健保署全球資訊網查詢參與計畫院所資訊。

2.居住地附近無院所提供該項服務，可洽詢「牙醫師公會全國聯合會」及各縣市牙醫公會轉介或撥打健保署免付費專線 0800030598 洽詢，手機請改撥 02-4128678（查詢路徑：健保署全球資訊網>健保服務>健保醫療服務>院所查詢>居家牙醫醫療服務院所查詢或牙醫特殊醫療服務計畫及院所網路查詢）。

3.可洽詢長照個管員。

（二）護理人員訪視

居家護理師的服務內容：一般護理、更換或移除鼻胃管、留置導尿管或氣切管、藥物注射、代採檢體送醫院檢驗、特殊與臨終照護及案家自我照護指導、營養及基礎復健的指導，使得個案儘可能維持或增進原有的身體機能。

第七節 身心障礙證明

一、身心障礙證明申請流程（臺中市政府社會局，2022）如
圖 8-7-1。

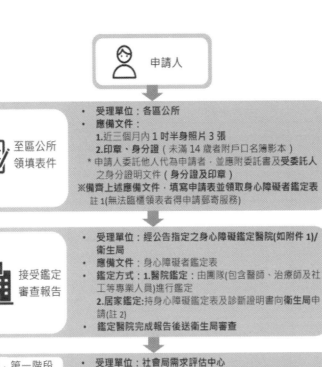

圖 8-7-1 身心障礙證明申請流程

資料來源：臺中市政府社會局（2022）。

二、重大傷病與身心障礙證明之對照表（如表 8-7-1）。

表 8-7-1 重大傷病與身心障礙證明之對照表

項目	重大傷病	身心障礙證明
申請對象	經醫師診治屬「健保保險對象免自行負擔費用辦法」第 2 條附表一重大傷病項目之疾病者。	屬「身心障礙者權益保障法」第 5 條第一項所定下列各款身體系統構造或功能，有損傷或不全導致顯著偏離或喪失身心障礙之情形者。
申請方式	檢具健保重大證明申請書、開立 30 日內診斷證明書、病歷摘要或檢查報告等相關資料及身分證明文件等，由本人或委託代理人，向健保署分區業務組申請重大傷病證明。	向鄉/鎮/市/區公所提出申請，發給「身心障礙者鑑定表」後至指定之鑑定醫療機構辦理鑑定，並由社政部門進行福利與服務需求評估，再依據評估結果，核發身心障礙證明。
核發部門	健保署	鄉/鎮/市/區公所 社政
補助內容	就醫可免部分負擔	1.各項經濟補助或補貼（含生活補助、租金補貼、日照及住宿式費用補助、身障及長照輔具補助、居家無障礙改善等）。 2.多元照顧服務（含家庭資源中心、小作所、日照中心、社區居住、自立生活、臨時及短期照服等）。 3.身心障礙者專用停車位。 4.各項稅務福利（牌照稅、所得稅或扣除額）。
相關資訊查詢網址	健保署全球資訊網>首頁>健保醫療服務>重大傷病專區	1.衛福部>便民服務>衛生福利e寶箱>身心障礙 2.稅務資訊請查詢財務部稅務入口網
諮詢服務電話	市話免費撥打 0800-030-598 手機付費撥打 02-4128-678	衛生福利部 02-8590-6666 社會及家庭署 02-2653-1776 各地縣市政府 1999 專線

資料來源：健保署（2021 年 7 月 15 日）；本著作自行整理。

依衛福部統計處（2023）2022 年身心障礙者人數有 1,196,654 人。

第八節 中低收入高齡者津貼

一、中低收入老人生活津貼

　　為照顧中低收入長者，各縣市政府依老人福利法（2020）提供「中低收入老人生活津貼」，另申請資格請參閱「各縣市政府資源」規定。

二、中低收入老人特別照顧津貼

　　若家中有被長照的重度失能老人，親人可能會因照顧而放下工作或無法工作，為減輕照顧家庭的經濟壓力，只要符合一定條件，衛福部就會給予照顧者每月5,000元的照顧津貼，另申請資格請參閱「各縣市政府資源」規定。

三、中低收入老人傷病住院醫療及看護費用補助申請

　　本項看護費用補助與特別照顧津貼只可擇一申請，另各縣市規範與給付金額略有不同（請參閱「各縣市政府資源」規定）。

第九章 法律知識

第一節 信託

一、信託簡介

　　信託法（2009）第1條：稱信託者，謂委託人將財產權移轉或為其他處分，使受託人依信託本旨，為受益人之利益或為特定之目的，管理或處分信託財產之關係。

　　透過「委託人」（提供財產的人）、「受託人」（信託業）及「受益人」（委託人想照顧的人）三個角色的連結，幫助有財產規劃需要的人，以更有效率而且安全的方式達到目標。委託人將財產權移轉給受託人後，受託人須依信託契約約定之信託目的為受益人之利益或特定目的管理或處分該筆財產，直到契約期滿或信託目的完成為止〔中華民國信託業商業同業公會（下稱信託公會，2023）〕（信託關係如圖9-1-1）。

圖 9-1-1 信託關係圖

資料來源：信託公會（2023）。

　　若委託人想以一筆財產照顧自己、特定人（例如父母或子女）或做公益，可由信託業者（辦理信託業務之銀行或證券商）擔任受託人，與其簽立信託契約約定信託目的、財產管理方式、受益人、財產歸屬及交付方式等，將信託財產移轉至信託業者名下，受託人必須依照信託契約，為委託人想照顧的對象（受益人）管理或運用該筆信託財產，直到信託關係結束為止。

　　「信託財產」就是委託人因辦理信託而移轉給受託人的財產權（可依金錢計算價值之權利）。信託財產有下列幾類：

　　1.金錢。

　　2.金錢債權。

3.有價證券。

4.動產。

5.不動產。

6.租賃權或地上權。

7.專利權或著作權。

8.其他財產權。

　　有以委託人成立信託目的命名，例如以退休及安養爲目的所成立「退休安養信託」，或以子女教育或創業爲目的所成立「子女教育創業信託」，以公益爲目的之「公益信託」等。

二、信託 2.0 全方位信託

　　金管會於 2022 年 9 月發布「信託 2.0 全方位信託」第二階段推動計畫。

（一）核心目標

1.因應高齡化社會及失智者財產保護的信託服務（安養信託）。

2.支援企業員工退休準備的信託服務（員工福利信託）。

3.協助保障購屋民衆權益的信託服務（預售屋機制）。

（二）業務量（截至民國 111 年 6 月底）

1.安養信託：信託財產總額 594 億元。

2.員工福利信託：信託財產總額 1,830 億元。

（三）目前信託業辦理的「安養信託」，結合其他金融商品的方式如下：

1.結合受託或運用於「有價證券或存款」

將信託財產運用於低風險且穩定收益的有價證券（例如債券型基金），以增加信託財產收益。此方式會因有價證券投資虧損進而影響安養目的，故業者會選擇低風險等級之標的或運用於存款。

2.結合「以房養老」

以房屋抵押由銀行按月撥款，有時會因房價總額較高，每月給付金額較多，此時為避免遭詐騙或親屬不當挪用，可將撥款金額部分交付信託，並由受託銀行按實際支出**專款專用**，多餘部分則留存於信託，由受託人管理。

3.結合「保險」

可將投保「保險」（例如年金險、長照險或健康險）給付，作為安養信託資金來源，以充實安養資金。

4.結合「以房養老與保險」

針對部分有特殊需求之委託人，以委託人自己為要保人，將「以房養老」貸得的資金交付信託，用於為委託人繳交年金險保費，其後保險給付之年金，定期交付信託作為委託人生活之資金及醫療安養費用。

（四）以「安養信託」為軸心，建立的跨業安養機制：

高齡者所需求的信託是結合財產管理與人身照護功能的信託，目前已有信託業者開始將安養信託與人身照顧機構進行結合，辦理情形如下：

1.與安養照護機構及長者住宅業者合作，提供辦理長者財產信託的高齡者可優先入住。

2.與殯儀服務業者合作，提供辦理長者財產信託的高齡者可以優惠價格購買塔位及身後殯儀服務。

3.與輪椅接送及租車業者合作，提供辦理長者財產信託的高齡者能夠優先預定及租借無障礙車輛之服務。

第二節 意定監護與監護宣告

　　2019 年民法修正，建立「意定監護」制度，讓當事人自己以預定契約的方式，決定自己的監護人，減少當事人在失能或失智後身心照護及財產管理的爭議，提升當事人的自主選擇性。依民法第 1113-2 條：「稱**意定監護**者，謂本人與受任人約定，於本人受監護宣告時，受任人允為擔任監護人之契約。」意定監護是監護制度中的一環，了解「意定監護」之前，可先了解「監護宣告」的整體概念。

一、監護宣告之簡介

　　依民法第 14 條：對於因精神障礙或其他心智缺陷，致不能為意思表示或受意思表示，或不能辨識其意思表示之效果者，法院得因本人、配偶、四親等內之親屬、最近一年有同居事實之其他親屬、檢察官、主管機關、社會福利機構、輔助人、意定監護受任人或其他利害關係人之聲請，為監護之宣告。

　　此時該受監護宣告之人成為無行為能力人，法院除了會同時選「監護人」來擔任他的法定代理人外，也會再選一位適當的人跟監護人一起開具受監護宣告人的財產明細清冊。向應受監護宣告人之住所地或居所地的「地方（少年及家事）法院」提出聲請。

二、監護宣告聲請流程（如圖 9-2-1）

監護宣告會先進行精神鑑定，確定受監護宣告人不具有識別能力，接續審查監護人資格等，流程所須時間大約 3 至 6 個月。

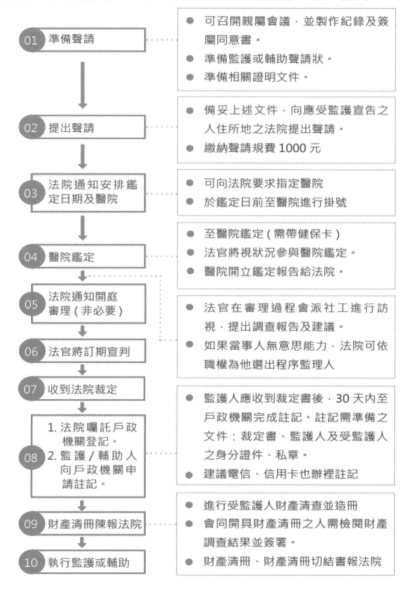

01 準備聲請	● 可召開親屬會議，並製作紀錄及簽屬同意書。 ● 準備監護或輔助聲請狀。 ● 準備相關證明文件。
02 提出聲請	● 備妥上述文件，向應受監護宣告之人住所地之法院提出聲請。 ● 繳納聲請規費 1000 元
03 法院通知安排鑑定日期及醫院	● 可向法院要求指定醫院 ● 於鑑定日前至醫院進行掛號
04 醫院鑑定	● 至醫院鑑定 (需帶健保卡) ● 法官將視狀況參與醫院鑑定。 ● 醫院開立鑑定報告給法院。
05 法院通知開庭審理 (非必要)	● 法官在審理過程會派社工進行訪視，提出調查報告及建議。 ● 如果當事人無意思能力，法院可依職權為他選出程序監理人
06 法官將訂期宣判	
07 收到法院裁定	● 監護人應收到裁定書後，30 天內至戶政機關完成註記。註記需準備之文件：裁定書、監護人及受監護人之身分證件、私章。 ● 建議電信、信用卡也辦裡註記
08 1. 法院囑託戶政機關登記。 2. 監護／輔助人向戶政機關申請註記。	
09 財產清冊陳報法院	● 進行受監護人財產清查並造冊 ● 會同開具財產清冊之人需檢閱財產調查結果並簽署。
10 執行監護或輔助	● 財產清冊、財產清冊切結書報法院

圖 9-2-1 監護宣告聲請流程
資料來源：弘道老人福利基金會/聲請監護好上手

三、申請監護宣告應備文件

（一）聲請狀（可參閱司法院全球資訊網/書狀範例/貳、少年及家事；
　　　或向各地方「少年及家事」法院訴訟輔導科洽詢）。

（二）應受監護宣告之人、聲請人、擬擔任監護人及會同開具財產清
　　　冊人的戶籍謄本各 1 份。

（三）應受監護宣告之人的診斷證明或身心障礙證明影本。

（四）依法院要求提出其他文件。

（五）聲請人可向法院推舉監護人或會同開具財產清冊人之人選，並檢
　　　附「同意書」及「親屬系統表」（可參閱司法院全球資訊網/書狀範
　　　例/貳、少年及家事的「親屬會議同意書、繼承系統表」格式，並
　　　依實際狀況修正繼承系統表）。

四、監護人的責任與權限

　　監護人的權限等於責任，受監護宣告之人雖然沒有民法上行為能
力，但同樣享有人權，其人格與人性尊嚴值得被尊重。

（一）監護人對於受監護人有醫療行為同意權，負責受監護人醫療照護
　　　事宜。

（二）監護人為了受監護人的利益，可以處分受監護人的財產。

（三）監護人需負責管理受監護人的日常生活，包括飲食起居等。

五、意定監護的優點

（一）意定監護可選任無親屬關係的人作爲意定監護受任人，包括朋友或同居人等。

（二）可事先與意定監護受任人溝通自己對於監護期間事務安排的意願。

（三）意定監護受任人是自願承擔，應能積極執行監護任務。

（四）可選定數個受任人，根據專長或意願分配監護領域，減輕監護負擔。

（五）意定監護程序較法定監護宣告簡便省時。

六、意定監護的流程（如圖 9-2-2）

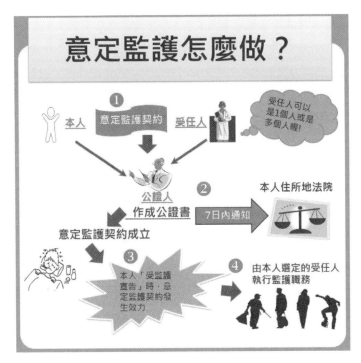

圖 9-2-2 意定監護的流程

資料來源：法務部/新聞發布/自己的監護人自己選（2021）。

　　意定監護的流程如下：

（一）本人（委任人）與全體受任人簽署「意定監護契約」。

（二）委任人與全體受任人親自辦理「意定監護公證」，作成公證書。辦理意定監護公證時，請記得攜帶身分證且必須委任人偕同受任人親自前往，不能委託其他人出席。

（三）本人（委任人）受監護宣告時，「意定監護契約」發生效力。

（四）由本人（委任人）選定的受任人「執行監護職務」。

第三節 病人自主權利

一、「病人自主權利法」之簡介

病人自主權利法（2021）第 1 條：「爲尊重病人醫療自主、保障其善終權益，促進醫病關係和諧」。第 3 條名詞定義：

（一）預立醫療決定：指事先立下之書面意思表示，指明處於特定臨床條件時，希望接受或拒絕之維持生命治療、人工營養及流體餵養或其他與醫療照護、善終等相關意願之決定。

（二）意願人：指以書面方式爲預立醫療決定之人。

（三）醫療委任代理人：指接受意願人書面委任，於意願人意識昏迷或無法清楚表達意願時，代理意願人表達意願之人。

（四）預立醫療照護諮商：指病人與醫療服務提供者、親屬或其他相關人士所進行之溝通過程，商討當病人處於特定臨床條件、意識昏迷或無法清楚表達意願時，對病人應提供之適當照護方式以及病人得接受或拒絕之維持生命治療與人工營養及流體餵養。

（五）緩和醫療：指爲減輕或免除病人之生理、心理及靈性痛苦，施予緩解性、支持性之醫療照護，以增進其生活品質。

二、使用「預立醫療決定」之時機

病人自主權利法第 14 條：病人符合下列臨床條件之一，且有預立醫療決定者，醫療機構或醫師得依其預立醫療決定終止、撤除或不施行維持生命治療或人工營養及流體餵養之全部或一部：

（一）末期病人。

（二）處於不可逆轉之昏迷狀況。

（三）永久植物人狀態。

（四）極重度失智。

（五）其他經中央主管機關公告之病人疾病狀況或痛苦難以忍受、疾病無法治癒且依當時醫療水準無其他合適解決方法之情形。

前項各款應由二位具相關專科醫師資格之醫師確診，並經緩和醫療團隊至少二次照會確認。

三、「預立醫療決定」的流程

（一）進行「預立醫療照護諮商」。

（二）簽署「預立醫療決定書」。

（三）辦理見證或公證。

（四）完成健保卡註記。

第四節 預立遺囑

一、「遺囑」之簡介

依民法第 1189 條：遺囑應依下列方式之一為之（如表 9-4-1）

（一）自書遺囑（民法第 1190 條）。

（二）公證遺囑（民法第 1191 條）。

（三）密封遺囑（民法第 1192、1193 條）。

（四）代筆遺囑（民法第 1194 條）。

（五）口授遺囑（民法第 1195 至 1197 條）。

表 9-4-1 五種遺囑方式之比較

	特　色	簽名方式	見證	公證
自書	最簡便，需自書遺囑全文	本人親簽	否	可
公證	最具公信力，需由公證人做成。	本人親簽或按指印，見證人及公證人全體簽名。	2人以上	是
密封	最隱私，需密封再經公證。	本人於遺囑及密封處簽名，見證人及公證人全體於密封處簽名。	2人以上	是
代筆	可由見證人代筆，適用於不識字或無法執筆者。	本人親簽或按指印，見證人全體簽名	3人以上	可
口授	筆記紀錄由見證人代筆，適用於危急或特殊情況。	見證人全體簽名	2人以上	否
	錄音紀錄使用設備錄音，適用於危急或特殊情況。	錄音帶密封，見證人全體於封縫處簽名	2人以上	否

資料來源：本著作自行整理

二、遺囑公證

依司法院（2019）辦理「遺囑公證」之手續如下：

（一）公證遺囑之方式，由遺囑人在公證人之前口述遺囑意旨，並有見證人 2 人在場，由公證人筆記作成遺囑，向在場人宣讀、講解，經遺囑人之認可，與見證人、公證人簽名，其手續始為完成（另有自書遺囑、密封遺囑、代筆遺囑亦可公證）。

（二）遺囑人可偕同見證人親至公證處或民間公證人事務所辦理，均應攜帶國民身分證及印章，公證遺囑不可授權他人代為辦理。遺囑人因衰病不能外出者，得請求公證人至醫院或其家中辦理。

（三）聲請時須填寫公證請求書 1 份，在公證處所購買，每份新臺幣 2 元。

（四）遺囑內容關於財產事，應提出財產證明文件，如內容甚繁，遺囑人不能記憶者，得提供書面記載，指示公證人記錄。

（五）遺囑人如因病或年老，精神耗弱，不能清楚表示意見，僅憑他人指示，答以是或否，或用搖頭點頭表示意見者，難以據此作成公證遺囑。

（六）見證人須非親屬及對遺囑事件無利害關係並年滿 18 歲以上之人方可擔任。

（七）遺囑內容涉及處分遺產者，應提出所有繼承人記載文件及未侵害他應繼承人之特留分的證明文件。

三、遺囑內容

（一）法律規範：包括財產分配、文物處理或遺願執行等。

（二）意願表達：不涉及法規，如同寫日記或筆記，包括喪葬處理、
家訓心願，表達愛和感謝等。

四、遺囑的法律效力

「遺囑的法律效力」需等到遺囑人死亡後才會生效，其代表遺囑的用
途與功能，舉例如下：

（一）指定應繼分：遺囑最重要的是財產分配，在不侵害特留分的情況
下，遺囑人可以自由指定每位繼承人可繼承的遺產比例（例如：
配偶取得全部遺產價值的 1/4，其餘 3/4 由二位子女均分）。

（二）分割遺產或禁止分割遺產：除指定應繼分比例外，遺囑人也可以
劃分每個遺產的歸屬或禁止某遺產被繼承人分割，但禁止期間不
可以超過 10 年（例如：坐落○○地段之房屋一棟由配偶與長子
各半共有，該房屋在 10 年內不可分割）。

（三）授與遺贈或捐助財團：在不侵害特留分的情況下，遺囑人可透過
遺贈，將部分遺產給與繼承人以外的個人、法人或團體，也可
捐助財團（例如：存款的 1/10 捐贈○○公益團體）。

（四）表達喪葬意願。

第五節　遺產應繼分與特留分

一、應繼分之簡介

　　「應繼分」字面上的解釋－應該繼承的份額，這是法律預設遺產分配的方式。應繼分的使用時機：「無遺囑、遺囑無效或另有些遺產沒有列入遺囑情況。」若被繼承人無遺囑且全體繼承人又無法達成分配遺產的共識下，就依「應繼分」的方式來分配遺產給繼承人。

二、特留分之簡介

　　特留分是在「有遺囑且其內容侵害特留分」的情況下才會適用；所以若無遺囑，就無特留分的問題，因為就依民法來分配遺產。民法第1187 條：「遺囑人於不違反關於特留分規定之範圍內，得以遺囑自由處分遺產。」換句話說遺囑可自由分配遺產，但前提是不違反特留分的限制，即每位繼承人都必須保留「最低的繼承權比例」。

　　「保留特留分」是基於公益考量，在最低限度內保障繼承人的日後生活。藉由特留分制度，在個人的遺產處分自由與社會公益間尋求平衡。若遺囑中指定的遺贈或遺產分配侵害特留分，並不會直接導致遺囑無效，不過特留分被侵害的繼承人可以行使「特留分扣減權」來回復特留分。

三、繼承人的資格與順位

　　首先配偶是當然繼承人，其次依繼承的順序（原則是前順位還在世，後順位就沒有繼承權）。不同順位的繼承人會有不同的特留分比例，依民法 1138 條：遺產繼承人，除配偶外，依下列順序定之：

（一）直系血親卑親屬。

（二）父母。

（三）兄弟姊妹。

（四）祖父母。

四、繼承順位

（一）有先順位之繼承人存在，後順位者即無繼承資格（例如：父或母在世，兄弟姊妹即無繼承資格）。

（二）除代位繼承外，直系血親卑親屬僅限親等最近者有繼承資格（例如：尚有子輩在世，孫輩即無繼承資格）。

（三）同順位繼承人如有數人時，按人數平均〔例如：祖父母（含俗稱之外祖父母）有 3 人，遺產由 3 人均分〕。

（四）配偶是當然的繼承人，配偶皆可與該順位之繼承人共同繼承。

五、計算應繼分與特留分

　　計算特留分之前，需先計算「應繼分」，其重點是確認「被繼承人」**有無配偶**。在有配偶共同繼承的情況下，應繼分比例會隨繼承人順位而調整（如表 9-5-1 及 9-5-2）。

表 9-5-1 繼承人**應繼分**之計算

繼承人		**配偶**應繼分	**他順位繼承人**應繼分
有配偶	1.直系血親卑親屬	全體繼承人按人數平均繼承	
	2.父母	1/2	父母平均繼承 1/2
	3.兄弟姊妹		兄弟姊妹平均繼承 1/2
	4.祖父母	2/3	祖父母平均繼承 1/3
無配偶	1.直系血親卑親屬 2.父母 3.兄弟姊妹 4.祖父母	無	由各順位繼承人， 按順位先後繼承

資料來源：民法第 1144 條。本著作自行整理。

表 9-5-2 繼承人**特留分**之計算

繼承人		**配偶**特留分	**他順位繼承人**特留分
有配偶	1.直系血親卑親屬	應繼分的 1/2	各人應繼分的 1/2
	2.父母		
	3.兄弟姊妹		各人應繼分的 1/3
	4.祖父母		
無配偶	由各順位繼承人， 按順位先後繼承	無	1.直系血親卑親屬其應繼分的 1/2 2.父母其應繼分的 1/2 3.兄弟姊妹其應繼分的 1/3 4.祖父母其應繼分的 1/3

資料來源：民法第 1223 條。本著作自行整理。

六、舉例

父親（被繼承人）遺產 250 萬-債務 40 萬=210 萬，繼承人有配偶、子及女各 1 人（應繼分=210/3=70 萬，特留分=70/2=<u>35</u> 萬）。另父親遺贈乙與丙各 75 萬 x2=150 萬，210-150=60 萬（配偶、子及女各分配 <u>20萬</u>，卻各少於特留分 15 萬=35-20），故繼承人三人共可行使扣減權 45

萬（15 萬 x3），因此得各向乙與丙行使扣減請求權 45 萬（22.5 萬 x2）。

第六節 規避特留分之方法

合法規避特留分之限制，可善用以下做法，讓最終財產分配結果符合自己的期待。

一、排除繼承資格：讓繼承人喪失繼承權的方式有兩種

（一）表示喪失繼承權

若繼承人對被繼承人有侮辱或重大虐待的情況，被繼承人可排除該繼承人的繼承資格。表示方法雖沒有特別限制，但保守起見仍建議以遺囑、書面或錄音的方式加以記錄。因「侮辱或重大虐待」的標準並不是依被繼承人的主觀認知，而須由法院審酌客觀事實判斷，因此建議可保留家暴報案紀錄、保護令或驗傷證明等證據或證人作為輔助，或先與律師諮詢後再進行表示。

（二）當然喪失繼承權

若繼承人有以下情況，不論被繼承人有無加以表示，都當然喪失繼承資格：

1.故意致被繼承人或應繼承人於死或雖未致死因而受刑之宣告者。

2.以詐欺或脅迫使被繼承人為關於繼承之遺囑，或使其撤回或變更之者。

3.以詐欺或脅迫妨害被繼承人為關於繼承之遺囑，或妨害其撤回或變更之者。

4.偽造、變造、隱匿或湮滅被繼承人關於繼承之遺囑者。

二、減少遺產總額（民法 1030-1 條）

被繼承人的配偶行使「剩餘財產分配請求權」，可先取得部分財產，進而減少被繼承人的遺產總額，除有助於節省遺產稅，另各繼承人的特留分也會減少。適用前提如下：

（一）婚姻關係適用「法定財產制」。

（二）配偶的婚後財產扣除債務後，餘額比被繼承人少。

（三）配偶在繼承關係發生時依然在世。

在適用「法定財產制」的婚姻中，若因配偶一方死亡或離婚，導致「婚姻財產制」消滅，則雙方需各自將婚後財產扣除債務，得出餘額，再將雙方的差額平均分配，因此餘額較少的一方可行使「剩餘財產分配請求權」，請求他方分配一部分婚後財產。另不需列入剩餘財產分配，只有因繼承或其他無償取得所得之財產以及慰撫金。

舉例：父有存款 1000 萬元，債務 100 萬元，配偶名下有價值 500 萬元的房產，則父的遺產有 1000 萬元-100 萬元=900 萬元扣除配偶應分配的 200 萬元＝（900 萬元-500 萬元）/2，等於 700 萬元再依繼承人數的免稅額扣除後計算應繳的遺產稅，繳完稅後，剩下的財產才能進行分配。

三、財產轉換法

（一）生前贈與

被繼承人在世時，可透過「贈與契約」直接將財產交付給受贈人。生前贈與的優點是完全不受親屬關係限制，且確保受贈人如實取得財產。

（二）契約信託（如圖 9-1-1）

　　信託最大的優點：可自由規劃契約內容與靈活配置財產。在信託關係存續期間，信託財產不會變成委託人的遺產，所以無特留分問題。

（三）壽險

　　被繼承人可將欲分配的財產用來購買壽險，被繼承人爲被保險人，再指定繼承人或受遺贈人爲受益人（於未來領取保險理賠給付）。

　　壽險優點是契約受到個資保護，另依保險法第 112 條：「保險金額約定於被保險人死亡時給付於其所指定之**受益人**者，其金額不得作爲被保險人之遺產」，故無特留分的問題。

第七節 拋棄繼承

一、現行繼承制度

（一）拋棄繼承：繼承人放棄被繼承人的財產及債務（民法第 1174
　　　條）。
（二）概括繼承（限定責任）：繼承人僅以繼承所得遺產為限，償還被
　　　繼承之人債務（民法第 1148 條）。

二、拋棄繼承期限

　　繼承人欲辦理拋棄繼承者，應於知悉其得繼承之時起 3 個月內，以
書面向被繼承人住所地之法院提出聲請（民法第 1174 條）。

三、應備文件：依司法院（2019）如何辦理拋棄繼承

（一）聲請狀
1.可參酌司法院全球資訊網/便民服務/書狀範例/事（全文檢索「拋棄繼
　　承」）。
2.逕向各地方「少年及家事」法院訴訟輔導科洽詢。
（二）被繼承人之除戶謄本及死亡證明書。
（三）拋棄繼承人之戶籍謄本。
（四）繼承系統表

1.可至司法院全球資訊網/便民服務/書狀範例/家事-0499 家事其他網頁
  參酌。

2.逕向各地方「少年及家事」法院訴訟輔導科洽詢）。

（五）已通知因為聲請人拋棄繼承後，而成為繼承人者之證明（如繼承
     權拋棄通知書函或存證信函、回執）。

（六）其他法院請聲請人提出之文件。

四、拋棄繼承流程圖（如圖 9-7-1）

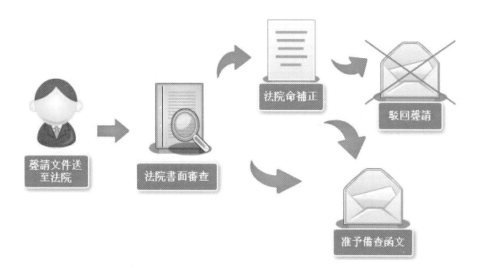

圖 9-7-1 拋棄繼承流程圖

資料來源：司法院（2019）如何辦理拋棄繼承。

第八節 社會福利補貼與保險給付之保全

一、社會福利補貼與保險給付不得為**強制執行**

因商業保險（壽險）屬於個人財產，故債權人依法可透過法院聲請扣押保單，包括保單累積的價值準備金或未來的保險給付，但例外情況是依「強制執行法」（2019）第 122 條：

1. 債務人依法領取之社會福利津貼、社會救助或補助，不得為強制執行。

2. 債務人依法領取之社會保險給付或其對於第三人之債權，係維持債務人及其共同生活之親屬生活所必需者，不得為強制執行。

3. 債務人生活所必需，以最近 1 年衛福部或直轄市政府所公告當地區每人每月最低生活費 1.2 倍計算其數額，並應斟酌債務人之其他財產。

4. 債務人共同生活親屬生活所必需，準用前項計算基準，並按債務人依法應負擔扶養義務之比例定其數額。

5. 執行法院斟酌債務人與債權人生活狀況及其他情事，認有失公平者，不受前 3 項規定之限制。但應酌留債務人及其扶養之共同生活親屬生活費用。

有機會請求減少或免除強制執行之方式：即債務人（保戶）可提出財產資料清單、收入狀況憑證或有扶養親屬可提出戶口名簿影本，證明被扣押的保險金是維持債務人和共同生活親屬的醫藥費或生活費等。

二、社保給付不得為**強制執行**之規定（舉例：如表 9-8-1）

依法規定請領下列保險給付者，得檢具保險人出具之證明文件，於金融機構開立專戶，專供存入保險給付之用。專戶內之存款，不得作為抵銷、扣押、供擔保或強制執行之標的。

表 9-8-1 社保給付不得為強制執行之規定

類別	法令依據
勞保	勞工保險條例第 29 條
勞退	勞工退休金條例第 29 條
國保	國民年金法第 55 條

資料來源：本著作自行處理。

第十章 生命中的貴人

第一節 兒童期

育奇民國61年出生於台中市，家庭成員有父親（從事裝潢工）、母親（家管）、兩位哥哥與一位妹妹，10歲時家境即將轉好，先父卻因病往生，頓時生計陷入困境，於是堅強的柯媽就承擔起家裡重擔。當時有人以為柯媽軟弱，提議若無力撫養，可將小孩送去孤兒院，但柯媽並沒有放棄我們，故柯媽是我生命中最重要的貴人。起初柯媽先從沿路叫賣冷飲做起，我們四個小孩也一起幫忙洗瓶子、裝茶與販售，後來則改賣肉粽直到70歲退休。

柯媽初期為了維持家裡經濟，所以每天早出晚歸，後因積勞成疾而曾就醫時，醫師說：若想維持生命或身體健康，就須減少工時，不可過度勞累，由此可見母愛的偉大與堅毅。

柯媽32年出生於彰化，從小父母先後離世，由其阿嬤撫養長大，因為當時物質缺乏，吃飽都有問題，所以未接受教育（後來不識字也成為柯媽此生最缺憾的事），很早就外出工作以貼補家用。柯媽在賣肉粽期間若遇到較困苦的人，也會資助他們，而其心意是：與人為善，助人為樂。

　　自從先父去世後，育奇的個性就變為較內斂與缺乏自信，因當時國小的導師有發覺，故適時的關照，所以老師就是這時的貴人。此時期在師長的教導下，五育均衡發展，曾獲選田徑校隊、班長與糾察隊長，並在小四時當選班級模範生代表；老師也許透過比賽或歷練幹部，來增進我的自信心與責任感。因歷經家變與困苦，故小時候總是希望自己趕快長大工作來分擔家計。

第二節 青春期

　　進入國中時期課業較多元繁重，自己又不夠主動積極學習，媽媽只好讓我去補習。最喜歡的學科是歷史與地理，不擅長的科目是英文。在校期間育奇最期待上體育課－可以盡情打球與發揮，因自己喜歡運動且在體育競技上有好表現，故三年皆擔任班級康樂股長，並在學校田徑與球類競賽皆取得優異成績。此期間因五育成績優良，故每學期均獲得學校獎學金，並在國二時當選班上「台中市青年代表」。

　　國三當年因面臨聯考，故覺得時間過得很慢，而學校的課業與考試也越來越多，老師的叮嚀與關懷也時時聽見，但年少無知的我仍是千頭萬緒，不知從何準備。國中畢旅至南台灣，讓我留下很美好的回憶，因為大部分行程都是首次到訪，所以覺得很新鮮又有趣，心情分外輕鬆，尤其是看見山水時，育奇內心就非常平靜，並且終於知道自己是如此渺小與平凡。

　　高中與五專聯考隨著國中畢業陸續到來，因準備不足就匆忙上場應試，故高中聯考成績不甚理想，只有五專聯考錄取國立雲林工專（現改制為虎尾科技大學）機械製造科。回想五專登記當天，自行騎乘腳踏車帶著柯媽給我的5,000元到會場，那時5000元只能登記國立兩所學校（另一所為台中商專，現改制為台中科技大學）。

第三節 五專與當兵期

考上雲林工專後,因家人都在工作或唸書,故後續入學及住宿手續皆須自行前往處理。首次離家住宿,起初難免會想家,尤其當時自己還不夠獨立自主;另宿舍團體生活學會彼此要互相體諒與關懷,以及設身處地為別人著想。育奇此時期過著多采多姿與充實豐富,並建立起為人處世的基礎與能力,故感謝我的貴人—師長與學長姐。

首次參加新生露營,在學長姐的精心策畫下—過程很好玩又新奇,期間剛好碰到自己生日,於是服務員就透過活動來讓我永生難忘。參加網球社團,讓我完成兒時的夢想;參與校外聯誼,讓我認識新朋友。暑假期間也曾在洗車場、餐館與印刷廠打工,賺取學費;另成功嶺大專集訓,讓大專生提早接受文武合一與術德兼修的軍事訓練。

專科時期積極參與各項培訓與活動,讓自己蛻變成為人才;歷任班級、學會與社團幹部,進而累積服務經驗與學習領導統御。期間舉辦過師生越野賽與各項營隊活動等,讓自己學會活動的規劃與執行。

民國82年五專畢業後抽籤分發到馬祖西莒步兵連,擔任政治作戰士。由於外島交通不便、冬天寒冷與生活條件不佳,所以軍旅生活很難忘記,卻不願想起。在馬祖當兵21個月經歷連隊主(管)官各三位與不同背景的士官兵,所以懂得待人接物的道理。有次連隊下基地接受營測驗,我走到腳抽筋,站也痛,坐也痛,全身動彈不得,真是非常難忘的體驗。當兵期間全家因台中市西區重劃,故搬家至太平區。

第四節 進入職場期

　　民國84年8月退伍從北竿首次搭機返台，覺得很新鮮與緊張。進入職場經歷過技術員、品管組長、讀書會會長與職委會總幹事等，讓我學習到許多寶貴的工作經驗，也認識很多好朋友。「書香與友情」是兩朵人生至美的花，因書所結的情誼更是永久芳香的花兒。儘管有人開始「夢幻飛行」，但是「沒有一個地方叫遠方」不是嗎？人生的每個點可以是終點，也可以是起點，希望今天的我們，永遠比昨天更懂得生命。

　　84年底太平家中頂樓加蓋屋發生火災，當時我在樓下午休，起初聽到霹靂啪啦的聲音不以為意，直到火災警報聲響，匆忙下樓後往上一看才知事情不妙！本事件使我體會「人生外在表象的短暫，不如內心智慧的提昇」。

　　87年2月離開首家任職公司進入第二家公司擔任品管部門主管，但由起初懷抱著理想與自信就任，10月時卻因領導經驗不足而黯然離職；後續至第三家公司擔任助理工程師，負責品保事宜。88年7月首家任職公司曾來電詢問是否有意返職，但最後還是加以婉謝，事後自覺凡事認真負責，終會獲得肯定的。

　　88年8月起固定收看葉教授電視演講會「心海羅盤」—傳播善知識，成就功德事。每次收看時不僅讓育奇的人生觀念獲得啟發，而且福慧增長。葉教授的「下輩子不要再來當人」是想跳脫輪迴，不再受人情世故與悲歡離合的羈絆，即現世明心見性，人生就無須重來。此生如何明心見性，也許「晨昏定省、接觸信仰、服務人群與反璞歸真」是可行的方

向。個人的生命是有盡頭的，而靈魂卻沒有終止過，即人的天命是要修身齊家與服務社會，進而回返極樂世界。

88年9月21日發生大地震。89年9月我就讀朝陽科技大學保險金融管理系二技進修部，雖然白天上班，夜間上課的過程有時會覺得累，卻讓我的生活過得很充實，更懂得築夢踏實的意義（從最艱苦生活成長的人，總是擁有最美的夢想）。

第五節 華南產險期

　　民國 92 年 2 月二技畢業後，在表哥（吳俊彥）引領下於 4 月進入華南產險車險理賠服務，至今年資 20 年。來到華產讓我有機會接觸到不同的人事物與了解人生百態，是育奇學習的好機會且心存感恩。「商道就是做人的道理」－做生意是在賺取人心，而不在賺取金錢；做生意是在獲得人心，而不在獲得利潤，因為做生意只要合乎人性，自然贏得民心的認同與肯定，那麼財富與機會就會不請自來，即「花若盛開，蝴蝶自來」，但其最終理想是「財上平如水，人中直似衡」：全民均富，國家自然安定；做人正直，生活自然安心。

　　為人處世的原則：「天道酬勤，地道酬善，人道酬誠，商道酬信，業道酬精」。名利是世人追逐的目標，但是追逐名利就會有達不到或不滿足的問題，所以凡事盡力隨緣，上天自有安排（人想不會贏天給）。生活中仍須有努力的動力，那就是讓親人幸福快樂，所以遇到不如意時，親人就是我最大的支柱或希望。104 年 9 月 22 日我的大哥（柯榮崇）因病過世，我們家屬強忍悲痛與大嫂及姪子互相關照並一起度過風雨難關。

　　105 年 7 月搬至太平區新家並安排柯媽到「聖愛長青快樂學堂」上課，以完成其小時候的缺憾並度過一生中最喜樂充實的時光。106 年 9 月育奇進入「中臺科技大學」碩士在職專班進修－醫療暨健康產業管理，於 108 年 6 月畢業，在此也要感謝曾經指導過的師長，讓我打開另一扇知識的大門，從中領悟智慧的力量。

第六節 母親長照期

民國 109 年柯媽在家不小心跌倒，從此身體每況愈下。6 月某天半夜媽媽曾因低血糖無意識，我緊急首次撥打 119 請求救護車送急診。在醫院期間申請「出院準備銜接長照服務」以及「病症暨失能診斷證明書」後透過仲介來聘雇外看協助照顧柯媽。在等待外看期間，有先啟動長照，例如陪伴、喘息與復能等服務，直到 8 月有首位外看到家。12 月因外看轉任廠工，又再次面臨看護空窗期（有申請長照服務，至於超過額度部份，則須自行負擔），直到 110 年 3 月聘雇第二位外看（海莉）並至社會局申請「身心障礙證明」。後續因柯媽行動不便且身心機能退化很快，故樂齡學堂建議在家休養。（再次感謝「聖愛長青快樂學堂」帶給柯媽最豐富精采的日子）

柯媽原有三高慢性病史，左膝有置換人工關節，右腿也有變形，後來晚期逐漸不良於行或不慎跌倒，應是三十多年來推著四輪車沿路販售肉粽，以致膝關節嚴重磨損有關。期間陸續有申請「長照需要者同時領有身心障礙證明」輔具補助添購：氣墊電動床、活動便盆椅、助步車等。因在新冠肺炎的影響下（減少外出），我與柯媽相處的時間也變多，尤其當外看每月休假日時，雙方觀念的磨擦與照顧過程的衝突也隨之而來，現在回想起來，自己的修養與經驗還是不足，例如長者有生理需求不想麻煩家人從旁協助，仍自行勉強去做，但後果就會變得更難以收拾。

柯媽在疫情期間，身心機能退化得更快，因為下半身失能無力，所以上下床後或外出時須以輪椅代步，沐浴時需用活動便盆椅移動至浴

室，以及大小便逐漸失禁而須包尿布（曾因尿道感染而住院治療，後續往返醫院回診時就申請長照交通接送服務）。也許是柯媽老化或慢性病服藥等因素影響，就有免疫功能不全的症狀（會全身搔癢），故需勤擦乳液滋潤皮膚，但其雙手仍會反覆抓傷、擦藥與包紮，到後期睡覺時需用手部約束帶固定在床邊。因柯媽有糖尿病、低血糖病史及高血壓，故後續每天須測量血糖 5 次與血壓 2 次；每天凌晨 3 點：我與外看兩人會固定起床，幫柯媽量血糖、換尿布與喝溫水。

雖然我與外看已盡力照顧柯媽，但無常還是會出現，111 年 11 月因吞嚥困難與下肢無力住院，後續醫院檢查診斷爲腦中風致右側肢體偏癱，出院時就接著鼻胃管與尿管返家。出院後就申請居家護理照護（採取檢體與更換管路等）、牙醫師到宅醫療照護、長照喘息與到宅沐浴車服務。柯媽從此臥病在床，有時外看會用輪椅推至客廳或大樓中庭花園，進食與餵藥就用鼻胃管灌，另清潔身體就在床上用溫水擦拭；後期曾因大便滲便，故清潔時間就拉長，須清洗毛巾數量也跟著增加。

112 年起柯媽的失智情況也日益加重，有時會忘了自己是誰且晚上吵著要回家（彰化娘家），幸好外看會使用手機一起觀看影片來轉移焦點並適時安撫，故在此也要感謝外看（海莉）、長照 A 據點「七個醫師的咖啡——照顧生活館」個管員、醫事人員、居服員、親友與公司長官同事等的照護，陪著育奇一起走過「盡孝的日子」。

第七節 母親圓滿期

　　民國 112 年 4 月 7 日因柯媽呼吸沉重，請居家護理師來採取檢體送醫檢查，經電詢主治醫師結果後發現發炎指數偏高，建議住院觀察，故趕緊打包行李並撥打 119 請求救護車經急診辦理住院治療。後來 4 月 22 日凌晨柯媽因急性呼吸衰竭與膽囊炎病逝於醫院，享壽 81 歲，當時育奇與海莉等陪侍於柯媽身旁走完最後一程。

　　柯媽往生前幾天已無意識，因考量其年事已高、久病纏身及避免急救後遺症，故決定不施行侵入性治療（例如電擊、插管或氣切等），僅以高流量氧氣面罩維持生命，希望柯媽可以在減少痛苦下離開人世（寫到這裡我還是會不自覺而流下眼淚）。後續也要感謝表哥協助尋找「天勤生命文創與國寶服務公司」來辦理柯媽後事，讓一切順利。雖然柯媽離開了我們，但是其德行也影響了身邊親友，即終其一生：「堅韌溫暖，樂於助人，與人為善，圓滿生命」。

　　「生寄也，死歸也」，凡事有開始就會有結束。人生就像一本書一樣，也是有盡頭的，當人走到臨終時，回顧以往，如果是活得充實、有貢獻與有意義的話，至少我們會感到些許安慰。

後記：我們這一家

林利貞（大嫂）

　　我先生（榮崇）已過世7年多，謝謝小叔（育奇）幫忙我和小孩一切安好，讓我學會忘記痛苦，也為陽光記憶騰出空間。媽媽（柯吳阿麵）辛苦的一切，值得我學習，另擁有強大的信心來克服內心的恐懼，並產生堅毅的勇氣。小叔辛苦你這三年，媽都是你照顧，讓我們不用擔心煩惱，謝謝你！在往後你的堅持與平凡的腳步也可以走完理想的行程。

柯証祐（姪子）

　　小叔叔（育奇）在我們家族是勤奮、孝順、好學與有上進心的一個角色。雖然父親（柯榮崇）已不在人間，但還是給我們一家三口很多的幫助。小叔叔將所學到的知識運用在日常生活上並記錄下來，所以這本書很值得參考，也希望讀者能先盡孝道，即俗語說「百善孝為先」。

柯博堯（姪子）

　　阿嬤（柯吳阿麵）感謝您這20年來的陪伴，想起小時候常常跟妳到家裡附近的飲料攤去找妳的好友聊天，而我就坐在旁邊的小板凳上喝著蘆筍汁；還有跟著妳推著小小的餐車到菜市場外面賣著肉粽，這樣說起來好像已經很久……（沒有吃到您包的肉粽了）。小時候爸爸（柯榮崇）最喜歡吃妳包的肉粽了，他一次還能吃到三顆呢！雖然那個肉粽

看起來簡單，但是味道卻不平凡，明明就是一顆小小的肉粽，但總是讓人家吃的很開心，肚子飽了，心也暖了！但最後這些卻變成了我最珍惜的回憶！其實不管結果如何，那是我們無能為力的，只要我們曾經幸福過，這些美好的幸福，值得我們記得。阿嬤感謝您！也感謝您給我一個那麼好的爸爸！

柯富評（二哥）

雖然單親家庭長大的我們（兄弟妹4人），母親大人在我成長過程，雖然辛苦仍給予鼓舞及肯定做人要腳踏實地。弟育奇在食、衣、住、行、退休或老年規劃等給予社會大眾參考，希望大家都可心想事成、身體健康！

邱佳惠（二嫂）

小叔（育奇）為人誠懇、孝順、好學與上進，是我們家族中的典範，將所學的知識在書中都有詳盡的說明與見解，很值得大家參考，相信對讀者皆有所助益。

柯皓文（姪子）

我一開始對於「超高齡社會」有許多的不了解以及疑問，像是長者在退休後有什麼保障以及制度如何是完全沒有涉獵的，也知道年老可能會有身體逐漸衰弱的問題需要長期照護，但實際的流程卻不是很熟悉，但在看完這本書後，讓我更深入地了解超高齡社會，不僅是對於社會趨勢的變遷，還有未來該如何去面對更多的問題，以上都需要社會大眾的共同努力來面對各種挑戰。

柯育芳（妹妹）

這世上有兩件事不能等，那就是行孝與行善。感謝三哥（育奇）對媽媽的照顧與用心，還有奔波的辛勞，謝謝三哥（育奇）。還有最感念媽媽對我們四個子女的不離不棄，那份艱辛的過程我最能體會，感恩媽媽，感恩媽媽！雖然您已離開了我們，但您那份不畏艱難與助人爲善的精神，將永遠留在我的心中。

王鎮華（妹婿）

媽的色身雖離開了，但媽的精神風範仍留在我心中。留在我心中的是－媽含辛茹苦地推著賣粽子的四輪車，來扶養子女長大的身影。因四輪車之車體是鐵製的（很重），車內放有鐵桶與粽子等（都很重），車輪是不能打氣的那種（較無彈性、較硬，須使出較多力氣才能推動），故這台四輪車是非常笨重的。媽推著四輪車，日日穿梭在大街小巷，不論是炎熱時身上流出的汗水，還是下雨時淋濕身上的雨水，或是遇到少數心地刻薄的買家，說出尖酸的話語來諷刺媽，而媽爲了生計也只能忍氣吞聲，並將受到委屈欲流出的淚水忍住，再往肚裡吞。晴雨冷熱的感受、人心厚薄的滋味，媽都曾經歷過。有次媽推著四輪車時，還被車撞到而住院。媽推著笨重的四輪車，就這樣推了30年，致使媽的膝關節磨損（換過人工關節），腳變形。媽所賺的這些微薄利潤，乃是汗水、雨水、淚水、膝關節磨損與腳變形等所交織而換來的。

媽在幼小時（3~4歲），父母就先後去世。媽40歲時，丈夫（我的先岳父）去世，媽遂挑起家中的經濟重擔，靠一己之力養育四子女長大，直至70歲才退休。媽一生雖命運坎坷，但媽堅勇自強，在歷盡艱辛、飽經風霜後，終於養育子女長大，眞是勞苦功高。

在看過三哥（育奇）的新書，尤其是細細地看過「生命中的貴人」這個篇章後，使我更能從媽的身上，讓我領悟到－媽有勇於承擔、勇氣、毅力、堅忍、韌性、自立自強、刻苦耐勞、幫助困苦人……等的人生態度、氣節、精神、風範、善行，令我對媽更深深地敬佩、感懷與感恩！

王靜婷（外甥女）

身為孫女，感恩外婆含辛茹苦地扶養舅舅們及媽媽長大。辛苦的背影以及外婆堅強的身影，是直到如今還依然歷歷在目。身為外甥女，感恩舅舅在外婆退休後，最需要照顧的期間，沒有第二句怨言就接起照護的重擔，讓外婆得以圓滿。

台灣已經進入高齡化社會，生老病死是所有人都要經歷的，長照也已經是我們生活中密不可分的一部分，在本書中都有詳細的說明，期望能夠幫助到正在思索退休生活及長照階段的每位讀者。長照如此重要，行善與行孝更不能等，「樹欲靜而風不止，子欲養而親不待」千萬不要等到失去了才懂得珍惜！

參考文獻

中文部分

內政部（2023）。《臺閩地區簡易生命表平均餘命》。取自

https://www.gender.ey.gov.tw/gecdb/Stat_Statistics_DetailData.aspx?sn=6sd
zpNpgHO3i%2fayHnJSa5g%3d%3d&d=m9ww9odNZAz2Rc5Ooj%2fwIQ
%3d%3d

https://ws.dgbas.gov.tw/001/Upload/463/relfile/11516/207903/2328152536c
aufavc2.pdf

主計總處（2022，10月）。《110年家庭收支調查報告》。

主計總處（2022）。《民國110年人力資源調查統計年報》。

主計總處（2021，10月）。《人力運用調查》。

公立學校教職員退休資遣撫卹條例（2023）。全國法規資料庫。

公教人員保險法（2023）。全國法規資料庫。

公務人員退休資遣撫卹法（2023）。全國法規資料庫。

中高齡者及高齡者就業促進法（2019）。全國法規資料庫。

中華民國統計資訊網（2023）。《主計總處家庭收支調查》。

https://www.stat.gov.tw/cp.aspx?n=3914

中國信託銀行（2023）。基金/投資。

https://www.ctbcbank.com/twrbo/zh_tw/inv_index/inv_bond/inv_investment
products_bondintroduction.html

民法（2021）。全國法規資料庫。

老人福利法（2020）。全國法規資料庫。

司法院（2019）。《如何辦理遺囑公證？》

司法院（2019）。《如何辦理拋棄繼承》。

file:///C:/Users/USER/Downloads/13-(1081210)%E5%A6%82%E4%BD%9
5%E8%BE%A6%E7%90%86%E6%8B%8B%E6%A3%84%E7%B9%BC
%E6%89%BF%20(2).pdf

好命退休聰明理財平台（2023）。《退休理財》。

好健康46期（2018,10月號）。《延年益壽》。

行政院新聞傳播處（2019）。《重要政策/中高齡者及高齡者就業促進
法》。

行政院新聞傳播處（2022）。《重要政策/長照2.0，讓照顧的長路上
更安心》。

金融監督管理委員會（2022，9月）。《信託2.0「全方位信託」第二階段
推動計畫》。

https://www.fsc.gov.tw/ch/home.jsp?id=834&parentpath=0%2C2%2C310

法務部（2021）。《新聞發布/自己的監護人自己選》。

長庚大學（2023）。人事室。

長期照顧服務法（2021）。全國法規資料庫。

長期照顧服務申請及給付辦法（2022）。全國法規資料庫。

信託法（2009）。全國法規資料庫。

信託公會（2023）。《信託相關資訊/信託是什麼》。

https://www.trust.org.tw/tw/info/related-introduction/0

保險法（2023）。全國法規資料庫。

軍人保險條例（2022）。全國法規資料庫。

病人自主權利法（2021）。全國法規資料庫。

退休金理財第一站（2023）。《60歲退休後生活如何安排？可以培養這些習慣》。

https://pension.tw/60-retire/

財團法人保發中心（2009）。《長期看護保險制度與推動之研究》。取自

http://www.tii.org.tw/export/sites/tii/insurance/files/insurance3-7-3.pdf

常春月刊（2023，2月5日）。《想要健康活到老，喝茶或咖啡都行，但不能加入1物質，否則效果就打扣了》。

陳大樂（2022，8月）。《熱泡茶、冷泡茶，哪個咖啡因比較多？喝茶養生6好處，但5族群不適合喝太多》。常春月刊，473。

陳雲中（2002）。《保險學要義》。台北：三民。

教育部樂齡學習網（2023）。

https://moe.senioredu.moe.gov.tw/

教育部（2022,08,18）。《補助各直轄市及縣（市）政府申辦樂齡學習中心實施計畫》。

基富通（2023）。《投資開講/基金入門指南》。

https://www.fundrich.com.tw/2022OfficialWeb/investingCollege/26751?groupId=IDEA

健康/瀚香醫生（2018，10月24日）。《陳立夫的養生48字口訣和「頭部宜冷，足部宜熱」的史話》。

https://kknews.cc/health/r394ae4.htm

強制執行法（2019）。全國法規資料庫。

陸海空軍軍官士官服役條例（2022）。全國法規資料庫。

理財鴿（2023）。《財務計算機》。

https://www.fintechgo.com.tw/FinVIP/FinancialCalculator

產業人才發展資訊網（2020，10月）。《各國因應高齡社會漸進式退休機制分析》。

國民年金法（2020）。全國法規資料庫。

國發會（2022，8月）。《中華民國人口推估（2022至2070年）。

https://www.ndc.gov.tw/Content_List.aspx?n=D527207EEEF59B9B

國發會（2022）。《人口推估查詢系統（2022至2070年）》。

https://pop-proj.ndc.gov.tw/dataSearch3.aspx?r=2&uid=2104&pid=59

國發會（2022）。《101年及110年就業者行業結構比較》。

https://www.ndc.gov.tw/Content_List.aspx?n=FB545A4FE662F475

國發會（2021，12月）。《老年經濟安全制度專刊第5期》。

https://www.ndc.gov.tw/cp.aspx?n=A76B7230ADF29736&s=78D44431464
E02FA

國發會（2023）。《老年經濟安全》。

https://www.ndc.gov.tw/Content_List.aspx?n=77D91211B4B77AF7

就業服務法（2023）。全國法規資料庫。

鉅亨網（2023）。《債券教室/債券投資主要風險》。

https://www.cnyes.com/bond/bondClass1.aspx

黃建森、楊義隆、張捷昌、歐仁和與洪仁杰（2002）。《生活與理財》。新北：國立空中大學。

集保e手掌握推廣網站（2023）。集保e手掌握APP。

https://epassbook.tdcc.com.tw/

勞工保險條例（2021）。全國法規資料庫。

勞工退休金條例（2019）。全國法規資料庫。

勞工個人退休金試算表（勞退新制）（2023）。

https://calc.mol.gov.tw/trial/personal_account_frame.asp

勞保局（2022）。《國民年金簡介》。

https://www.bli.gov.tw/0019852.html

勞保局（2022）。《老年年金給付的請領資格》。

https://www.bli.gov.tw/0017461.html#

勞動部（2022）。《民國110年中高齡及高齡（45歲以上）勞動狀況》。

https://www.mol.gov.tw/1607/2458/2494/43308/43315/

勞動部（2023）。《112年推動職務再設計服務計畫修正規定》。

勞動部勞發署（2023）。《雇主聘前講習專區-講習介紹》。

http://personnel.cgu.edu.tw/files/13-1010-13456.php

勞動部勞發署（2022）。《失業中高齡者及高齡者創業貸款》。

https://www.wda.gov.tw/cp.aspx?n=587504D69D663956&s=E177D3446E7243F4

臺中市政府社會局（2022）。《身心障礙證明申請流程》。

https://www.society.taichung.gov.tw/461788/post

臺灣證券交易所（2023）。《產品與服務/上市證券種類》。

https://www.twse.com.tw/zh/page/ETF/intro.html

壽險公會（2023）。《因應高齡化社會之保險商品專區》。

http://www.lia-roc.org.tw/indexs.asp?item=indexs/other/h1001005.asp

學校法人及其所屬私立學校職員退休撫卹離職資遣條例（2019）。全國法規資料庫。

衛福部（2021，9月）。《高齡社會白皮書》。

衛福部（2022）。《因應超高齡社會對策方案（112-115年）（核定本）》。

https://www.ndc.gov.tw/Content_List.aspx?n=8D566DF170F02D1C

衛福部（2023）。《衛生福利部推展志願服務成果報告》。

https://vol.mohw.gov.tw/vol2/content/unit3

衛福部（2023）。《什麼是長期照顧服務》。

https://1966.gov.tw/LTC/cp-6533-70777-207.html

衛福部暨國衛院（2022）。《2021臺灣高齡健康與長照服務年報》。

https://1966.gov.tw/LTC/cp-6487-73399-207.html

衛福部（2022）。《國情簡介/衛生醫療保健/全民健保》。

https://www.ey.gov.tw/state/A01F61B9E9A9758D/fa06e0d2-413f-401e-b69
4-20c2db86f404

衛福部（2016，12月）。《長照十年計畫2.0（106～115年）（核定
本）》。取自https://1966.gov.tw/LTC/cp-3636-38462-201.html

衛福部（2023，2月）。《中華民國110年國民醫療保健支出》。

https://dep.mohw.gov.tw/DOS/lp-5071-113.html

衛福部健保署（2022）。《2022-2023全民健康保險年報》。

https://www.nhi.gov.tw/Nhi_E-LibraryPubWeb/Periodical/P_Detail.aspx?CP
T_TypeID=8&CP_ID=236

衛福部健保署（2023）。《居家醫療照護整合計畫》。

https://www.nhi.gov.tw/Content_List.aspx?n=229E6EBB8F3CF41B&topn=
5FE8C9FEAE863B46

衛福部國健署（2022）。《2022國民健康署年報-中文版》。

https://www.hpa.gov.tw/Pages/Detail.aspx?nodeid=4696&pid=16382

衛福部國健署（2022）。《社區營養照護作業手冊（2022年版）》。

https://www.hpa.gov.tw/Home/Index.aspx

魏聰哲（2017）。《日本推動長照產業發展經驗及對臺灣之啟示》。《經
濟前瞻》，173，124-128。

英文部分

World Health Organization. (2016). The Global strategy and action plan on ageing and health.
http://apps.who.int/gb/ebwha/pdf_files/WHA69/A69_17-en.pdf.
World Health Organization. (2017).Global Strategy and Action Plan on Ageing and Health.

國家圖書館出版品預行編目資料

超高齡社會 守護全紀錄 Open Book／柯育奇著.
--初版.--臺中市：白象文化事業有限公司，
2023.12
　面； 公分
ISBN 978-626-364-163-1（平裝）
1.CST: 高齡化社會 2.CST: 老年
3.CST: 生涯規劃
544. 81　　　　　　　　112017301

超高齡社會 守護全紀錄 Open Book

作　　者　柯育奇

校　　對　柯育奇

發 行 人　張輝潭

出版發行　白象文化事業有限公司

　　　　　412台中市大里區科技路1號8樓之2（台中軟體園區）

　　　　　出版專線：（04）2496-5995　　傳真：（04）2496-9901

　　　　　401台中市東區和平街228巷44號（經銷部）

　　　　　購書專線：（04）2220-8589　　傳真：（04）2220-8505

專案主編　林榮威

出版編印　林榮威、陳逸儒、黃麗穎、水邊、陳婷婷、李婕、林金郎

設計創意　張禮南、何佳諠

經紀企劃　張輝潭、徐錦淳、林尉儒、張馨方

經銷推廣　李莉吟、莊博亞、劉育姍、林政泓

行銷宣傳　黃姿虹、沈若瑜

營運管理　曾千熏、羅禎琳

印　　刷　基盛印刷工場

初版一刷　2023 年 12 月

定　　價　300 元